短期間で組織を変革する実践ビジネスノベル

優しい社長が会社を潰す

上野直彦 AGI Creative Labo 代表
漫画原作者
安藤広大 株式会社識学
代表取締役社長

すばる舎

わずか五年足らずのうちに
二〇〇〇社を超える企業が導入した組織改革理論がある。

その導入時には、社内に不安や反発が生じることもあるが、
最終的には会社をより健全で、筋肉質な状態へと導いてくれる——。

社員の誰もに好かれる「優しい社長」が
よかれと思って行っていたことが空回りし、
危機に陥っていたある会社。

本書はその会社が、新たな組織改革理論を導入し、
復活するまでを追ったストーリーである。

登場人物紹介

◉若宮 宏人（わかみや ひろと）三十三歳／オールウェイズ・アサイン社 代表取締役社長 兼 CEO

スマホEC事業、オウンドサービス事業をベースにオールウェイズ・アサイン社を起業。最初こそ売上や営業利益率もよかったが、現在は頭打ちとなっている。普段は周りに慕われるポジティブな性格だが、部下や会社を思うあまり臆病になってしまう一面も。

右肩下がりとなっている会社の業績を見つめながら、毎晩悩み苦しんでいたが、「識学」との出会いによって精神的にも強くなっていく。

ゴルフやキャンプなどアウトドアが好きで、以前から社員たちを連れて行くなど、フットワークの軽さには定評がある。

◉西村 美優（にしむら みゆ）二十三歳／

オールウェイズ・アサイン社 社長室所属（のちに広報課へ異動）

同社の初期メンバーで最年少女性社員の一人。

頻繁に飲み会を開催してくれて、親しみやすい若宮のことが大好きだったが、識学が導入されて以降、若宮の態度が一変したことで、識学を恨むようになる。
あまり空気が読めず、突っ走ってしまうところが玉に瑕だが、人一倍正義感が強く、どこか天然な性格が多くの社員たちから愛されている。好きなものはお酒とカラオケ。

⦿佐伯 航平（さえきこうへい）三十五歳／
オールウェイズ・アサイン社 執行役員 兼 営業部長（のちに第一営業課長へ降格）

同社の執行役員 兼 営業部長だったが、識学の導入で会社初の降格人事の対象となり、第一営業課長に。もともとはよき家庭人だったが、仕事がうまくいかなくなるにつれて、精神的に荒れ、家族関係も悪くなっていく。善くも悪くも影響されやすい性格だが、きっかけがあれば火がつく野心家な面も兼ね備えている。

⦿布施享一（ふせきょういち）四十一歳／オールウェイズ・アサイン社 広報課長

異動先での美優の上司で、よき相談相手（つまりは愚痴の聞き役）。仕事の教え方が丁寧なことに定評があり、布施に影響されてか部下たちにも柔和な性格な者が多い。引き出しにはいつもお菓子が入っていて、疲れている社員に配っている。
識学が導入されて、広報活動をどうしていいか右往左往している毎日。太り気味なのでダイエットにも識学を使ってみようと試みるが、どうなるか？

⦿山岸 紗安佳（やまぎし さやか）三十一歳／オールウェイズ・アサイン社 第二営業課長

第二営業課長。アクティブな社員が多い社内では珍しい内向的な性格。細やかな配慮に長けており、他の社員では気がつかないようなミスやトラブルの原因も、事前に見つけられると社内で評判。

仕事への姿勢は常に誠実で、識学に反対する者が多いなか、社内の誰よりも先に積極的に学ぶようになっていく。

⦿添田 樹（そえだ いつき）三十二歳／オールウェイズ・アサイン社 副社長

若宮と一緒に起業した創業メンバーの一人。若宮にとっては相棒のような存在だったが、識学の導入に強硬に反対する。

几帳面で慎重な性格で、新しい挑戦を拒む傾向にある。ミスのない仕事ぶりや、クールな雰囲気が一部の部下に人気があり、添田に密かに憧れている社員も少なくない。

◉藤川 仁吾（ふじかわじんご）二十二歳／オールウェイズ・アサイン社 第二営業課所属

今年入ったばかりの新卒社員。山岸の部下。

軽薄な雰囲気を漂わせるいわゆるチャラ男だが、上司である山岸の仕事への誠実さを尊敬しており、自分も仕事に対しては真面目であろうと心がけている。

社長の若宮や、先輩である美優にも明るく接するお調子者だが、いざというときは空気を読んで行動できるため、可愛がられている。

◉篠原 由樹奈（しのはら ゆきな）二十三歳／広告代理店勤務

高校時代からの美優の親友で、社会人になってからも定期的に飲みに行く仲。

美優と同じく酒好きだが、下手な飲み方はせず、酔い潰れた美優をよく介抱してやっている。

清楚で可愛らしい見た目とは裏腹に、さっぱりした性格で、誰に対しても公平に接する。

識学の到来によって不機嫌になる美優を心配するが、友達だからと遠慮せず、的確なアドバイスをしてくれる頼れる存在。何事もそつなくこなすタイプだが、器用貧乏だからか、昔から情熱に欠けるのがコンプレックスで、日々、一喜一憂している美優を少し羨ましく感じている。

⦿安藤明大（あんどう あきひろ）三十五歳／「識学」代表

株式会社識学の代表。傾きかけたオールウェイズ・アサイン社を建て直すべく、識学を使って社内の改革に挑む。真面目で熱い性格だが、普段から無表情な上にぶっきらぼうな喋り方をするため、誤解されやすい。

最初はオールウェイズ・アサイン社の社員たちに嫌われていたが、その仕事ぶりや細やかな気遣いの存在によって、次第に同社に受け入れられていく。

⦿財前清（ざいぜん きよし）三十四歳／オールウェイズ・アサイン社のメインバンク、都市銀行「東京すばる銀行」の担当者

オールウェイズ・アサイン社の立ち上げ時に、設立したてでまだなんの実績もない会社にも関わらず、多額の融資を決めてくれた担当者。頭の切れる男だが、裏表が激しくお調子者。貸出先の先行きが悪くなると、すぐに手のひら返しをする性根の悪い一面もあり、若宮に対しても、会社の業績がよかったころは丁寧に接していたが、業績が悪化してからは貸し出し資金の一括返済を暗に求めるなど、脅しつけるような電話をたびたびかけるようになっている。

オールウェイズ・アサイン社 組織概略図

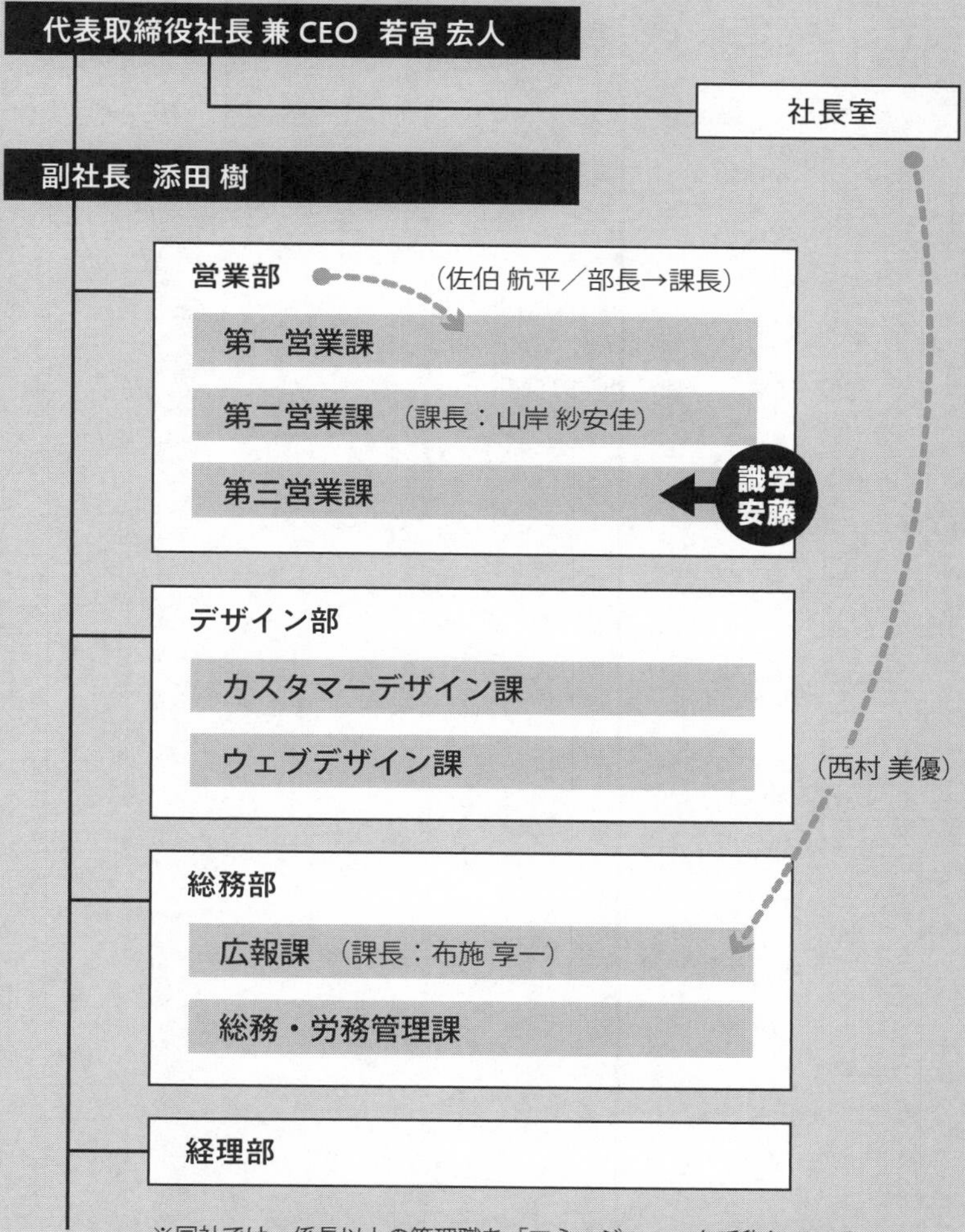

※同社では、係長以上の管理職を「マネージャー」と呼称している。

目次

0　窮地

美優はマイクを振り回すようにして、その場にいた誰よりもはしゃいでいた。

天井につけられたピンクやグリーンに瞬くＬＥＤライトが、彼女の少しばかりあどけなさの残る横顔を照らす。

隣には、まだ若い見た目の割には上等そうなスーツを着た男が、美優と一緒になってタンバリンを叩いている。彼は若宮宏人。美優の勤める会社の代表だ。

「社長！　一緒に歌いましょ！　ほら！」

美優は自分の立つ高さまで若宮を引っ張り上げようと、彼の腕をぐいっと引っ張った。

「はいはい、わかった、わかった！」

一瞬だけ困った表情を浮かべつつも、若宮は満ざらでもなさそうな顔をしながら立ち上がって美優と肩を組むと、テーブルに置いてあったマイクを無造作に掴み取り、彼女が歌っている曲に横からお得意のハモりを入れた。

周りには、オールウェイズ・アサイン社の社員である十人くらいの男女が、皆アルコールの匂いを漂わせながらニコニコと話をしたり、カラオケの画面に向かって合いの手を入れたりして思い思いに楽しんでいる。

「おお！　オルイン名物、若宮社長のハモりだー!!」

「よっ！　歌うま社長！」

男性社員が口に手を当てて声を上げると、皆が一斉に盛り上がった。

「おいおい、やめろよぉ」

頭を軽くかきながらも、若宮は乗りに乗って、美優と組んだ肩に一層力を入れる。彼がリズムに合わせて踊るように動くと、美優もその場でぴょんぴょんと飛び跳ねた。

はたから見れば、だらしなくネクタイを緩ませ、酔って首もとを赤くする彼を見て、まさかこの男が、近年ＩＴ業界で存在感を高めている会社、オールウェイズ・アサイン社の社長兼ＣＥＯだとは誰も思わないだろう。


時刻は深夜十二時近く。五反田。今日は木曜日で平日だ。

仕事終わりのサラリーマンたちは、「明日も仕事だから」と遠慮がちにグラスの中身を飲み干して、次々に終電間際の改札口を小走りで抜けていく。終電を逃して、明日の出勤に遅刻してはたまったものではない。五反田の夜は、だんだんと喧騒から抜け出そうとしていた。

しかし、美優たちがいるカラオケボックスの騒ぎはまだ静まりそうにない。

（この会社に入って、本当によかった）

美優は歌い始めてもう三曲目になる流行りのＪ－ＰＯＰをマイクに向かって口ずさみながら、酔いの回った思考で幸せを噛み締めていた。


美優は会社が大好きだ。

優しい上司、気さくな同僚、やりがいのある仕事。そして、いつもこんなふうに飲み会に連れて行ってくれる最高のＣＥＯ、若宮。

短大を卒業し、社会人として仕事を始めるのに一抹の不安を覚えていた彼女にとって、オールウェイズ・アサイン社は、間違いなく最高の職場となった。一人娘を心配していた両親でさえ、美優が楽しそうに話す会社の話題を耳にし、仕事に励む様子を見て、安堵を見せていた。


隣で一緒に歌ってくれている若宮の顔をチラリと見て、この前の会社のゴルフ会を思い出す。

先月、ゴルフ好きの若宮が、希望する社員全員を郊外のゴルフ場へ連れ出してくれたのだ。

社会人二年目となる美優にとって、ゴルフは憧れはあれど、なかなか手を出せないでいたものだ。だから、余計に嬉しかった。それにゴルフ終わりにレストランで飲む冷えたビールが、あんなに美味しいなんて。円卓を囲んで乾杯をしたときのみんなの笑顔が忘れられない。

「この前のゴルフ、めっちゃ楽しかったよね。若宮社長、かっこよかったなぁ」

女性社員の一人が飲みかけのハイボールを片手に、歌い終わった美優へ話しかけてきた。

「社長、ゴルフすごく上手でしたよね！　ゴルフウェアも似合ってたし、それに、イケメンだし……」

美優は、うんうんと共感する彼女と一緒になって若宮の精悍な姿を思い出し、ニヤニヤしていた。

「キャンプもよかったですよね。群馬のキャンプ場、綺麗だったなぁ。また行きたい」

ゴルフだけじゃない、誰かがキャンプに行きたいと言えば、年間社内行事に「社員キャンプ」を追加して、全員をとびきりのキャンプ場へ連れて行ってくれた。

テントを張るときも、若宮は率先して手伝っていたし、バーベキューの準備で一生懸命に火を起こす若宮の姿は、社員全員の目に魅力的に映っていた。

仕事で少しばかり辛いことがあっても、若宮が作ってくれた楽しい思い出を胸に頑張ってきた。

(特に社長と行くカラオケは最高。ノリがいいし、ハモりもうまいし、疲れなんて吹き飛んじゃう)

そう幸せに浸る美優の思考回路に、明日の仕事のことはなかった。「今が楽しい。だから、はしゃぐ」。それだけが彼女にとって「会社の飲み会の楽しみ方」なのだ。

美優がふと若宮のほうを見ると、彼は若い男性社員と部屋の隅で話し込んでいた。

「お前はな、頑張りすぎなんだよ。できるやつなんだから、もっと肩の力を抜け」

「は、はい！　ありがとうございます！」

喧騒に混じって、とぎれとぎれに聞こえてくる会話内容から推測するに、どうやら部下の悩み相談を受けていたらしい。いかにも真面目そうな男性社員が、目を潤ませるのではないかという勢いで若宮の言葉に耳を傾けている。

若宮はいつもそうだ。困っている部下がいれば、いつでも話を聞いて励ましたり、悩みに答えをくれたりする。彼が男性社員からも女性社員からも好かれる理由はそこにあった。

こうやって頻繁に飲み会を催すのも、部下たちの悩みを吸い上げる機会にもなるから、と考えているのだろう。

(社員思いの若宮社長らしいな)

と美優はあたたかい気持ちになって、しばらくその光景を眺めていた。


「最後はやっぱり美優ちゃんでしょ！　ほら歌って！」

「はい！　西村、歌います！」

カラオケも終盤、オオトリを任された美優がマイクを受け取る。

今日も楽しかったという気持ちを込めて、美優は誰もが知っている女性アーティストのバラードを歌った。美優の若々しく高い声と、しっとりとしたメロディが絶妙に合って、そこにいた全員が聞き入っていた。

若宮も、部下が一生懸命に期待に応えようとする姿を嬉しそうに見ていた。


美優が最後の曲を歌い終わると同時に、若宮がすくっと立ち上がる。

「じゃ、ここらでお開きにするか。みんな今日もお疲れさん!!」

と笑顔で宣言した。お開きの合図だ。歌い終わった美優に拍手をしていた社員たちも、皆ゆっくりと立ち上がって、「お疲れさまでした」と口々に言いながら帰りの支度を始めた。酔いに加えてカラオケで騒いだこともあり、疲れてきていたのだろう。表情には疲労の色も見えるが、誰もが満足した顔でカラオケルームをあとにしていった。


「若宮社長！　今日もありがとうございました！」

皆がエレベーターに乗ったあと、一人で会計をしにレジへ向かった若宮の側へ、美優がお礼を言いに近づいた。

若宮はそんな美優に気づくと「おお、お疲れさん」と片手を上げる。

手早く会計を済ませようとする若宮に、美優は以前から疑問に思っていたことを聞いた。

「けっこう頻繁に飲み会とかカラオケとか連れて行っていただいてますけど、全部払ってもらってても、大丈夫なんですか……？　会費を集めるとか……」

美優は心配そうに首をかしげる。

若宮はクレジットカードのサインを入れながら、気にもしていない様子で、

「いいんだよ、気にするな！　明日も頑張ってくれな、期待の若手！」

と、いつものようにおどけて返した。

＊　＊　＊

エレベーター下のホールで待つ社員たちと合流して、次々にタクシーへと乗り込む一人ひとりへ向かって、若宮は手を振る。もう夜更けにも関わらず、まだ煌々と輝く五反田の街灯やビルの明かりをあとに残し、真っ黒なタクシーの影が夜の闇へと吸い込まれていく。

「美優ちゃん、乗らなくていいの？」

タクシーに乗り込もうとしていた社員の一人が、美優に向かって声をかけると、美優は眉毛をハの字の形にして、

「私、ここからそんなに遠くないので！　皆さんがお先に！」

と答えた。彼女はいつも最年少だからと遠慮して、先輩より先にはタクシーに乗らないのだ。

「若い女の子なんだから、夜道は気をつけてよ！」

心配してくれる声に対して、ありがとうございます、と元気よく返しつつ、美優も若宮と一緒になって手を振った。

結局、最後の最後まで残った美優だったが、彼女が車へ乗り込み、ドアが閉まるときには、もう時計の針はほとんど深夜一時を指し示していた。

「社長、お疲れさまでした！　おやすみなさい！」

「お疲れさん！　じゃあなー！」

ドアが閉まる間際に短い挨拶を交わし、若宮は美優の乗ったタクシーを見送る。

カラオケボックスの前に一人残された若宮は、先ほどまでとは打って変わって疲れた様子を見せた。

「よし、今日も一日頑張った……」

独り言を呟くと、硬いアスファルトの道を一歩一歩探るように歩きだす。

彼もまた、五反田の夜へと吸い込まれていった。

＊　＊　＊

翌日の午前六時。若宮は駅前のファーストフード店のテーブル席に、背中を丸めて腰掛けていた。スーツにはシワが寄り、ネクタイは昨晩、解散後に一人で飲み歩いた店のどこかで忘れてきてしまったらしく、見当たらない。

「うぐっ……吐きそうだな……」

居座らせてもらうからと申し訳程度に注文したポテトとコーラを目の前にして、二日酔いの猛烈な吐き気と頭痛が若宮を襲っていた。ドリンクカップに結露した水分が、丸みを帯びて垂れるのと同じ速度で、若宮の額に冷たい汗が流れていた。

何も知らない人が見れば、飲んだくれたサラリーマンのだらしない姿にしか思えないだろう。しかし、若宮の額に伝う冷や汗と、その絶望の淵にあるかのような表情の理由は、二日酔いにばかりあるわけではない。原因は、彼の手にしたスマートフォンの画面のなかにもあった。

不気味なほどに明るく輝いた画面に表示されているのは、オールウェイズ・アサイン社の財務諸表だ。若宮の視線は、そのうちの売上、そして利益率の間で行き来を繰り返している。

(おかしい、おかしいんだ。どうして売上は上がっているのに、利益が下がり続ける……)

売上に反比例するかのように下がる利益率の数字が、彼の表情に影を落とすものの正体だった。

若宮は追い詰められていた。懸命に営業をかけても、社員のモチベーションを上げるために会社の経費をいくら使っても、経営状況は右肩下がりのまま。この状況が長く続けば、大幅なリストラはおろか、倒産ということにもなりかねない。

「どうすりゃいい!? どうすりゃいいって言うんだよ!!!」

苛立ちを抑え込めずに、テーブルに自らの拳を打ちつけた。ダンッと大きな音が、まだ客の少ない静かな店内に鳴り響く。隣に座っていた若い女性が、こちらに怯えた目線を送ってくるとほぼ同時に、店員が飛ぶようにやってきた。

「お客さま! ほかのお客さまのご迷惑になる行為はおやめください!」

厳しい表情を向けてくる店員に余計に苛立ちが増し、思わず言い返してしまいそうな自分を押し殺す。こちらが悪いのは明白だ。吐き気と頭痛は止まらないものの、迷惑行為を働いてしまった手前、居心地が悪くなった若宮は店をあとにした。

五反田の街に差し込む朝日が若宮の顔に当たる。本来なら爽やかな気分を運ぶその光でさえ、彼の心を晴らすことはなかった。

1　始動

　時刻は午前十一時、オールウェイズ・アサイン社では数時間前に出勤してきた社員らが、慌ただしくキーボードを打ち鳴らしていた。都内の一等地に構えたオフィスには、ズラリとデスクが並べられている。白を基調としたオフィスは、道路側に面した壁がガラス張りになっており、そこから強い太陽光が降り注いでいた。

　しかし、照りつける日差しが眩しくなったのか、途中から誰かの手によってブラインドが閉められてしまう。

　オフィスからは突然、あたたかい光が奪われ、代わりに無味乾燥な蛍光灯の光が社員たちの顔を照らした。


　皆が懸命に仕事をするなか、若宮は一人で社長室にいた。あのファーストフード店を出たあと、結局帰宅はせずに、ほかの社員よりも早めに出勤していたのだ。

（いつまでも気を揉んでいる場合じゃない。ＣＥＯとして、自社の業績をなんとか回復させていかなければ）

そう思いながら、今期から始まる新しいプロジェクトの資料に目を通す。

丁寧に紙面を読み込んでいると、若宮のスマートフォンがかすかに揺れた。

若宮が資料から目を離し、スマートフォンの待受画面を見ると、どうやら着信らしい。映し出される「財前」の文字とともに、若宮の手の上で画面が揺れ続ける。

(こんなときに嫌な相手から……)

若宮は顔をしかめながら、スマートフォンを耳に当てた。

「はい、若宮ですが……」

仕方なく応答した電話の向こうから、いつにも増して嫌味に聞こえる声が響く。

「あぁ！　若宮さん！　さっきから何度も連絡していたんですよ。若宮さん、全然出てくださらないんですから」

「あぁ、すみません。大事な資料を読んでいて気がつかなかったみたいです。それで、なんの御用ですか？　財前さん」

ため息をつきたいのをこらえて若宮が尋ねると、財前は声のトーンを少し落とす。

「何って、以前からお話している件ですよ。お忘れになったわけじゃないでしょ？　あなたの会社、オールウェイズ・アサイン社さん、経営状況まずいですよね？　試算表を拝見しましたが、このままいくと債務超過は免れませんよ。うちとしてもね、困るんですよ？」

財前の話を聞いて、若宮はさらにうんざりする。

(クソ、またこの話か。何度話せばいいって言うんだよ)

財前はオールウェイズ・アサイン社のメインバンクである都市銀行「東京すばる銀行」の担当者で、この会社の立ち上げのときには多額の融資を決めてくれた。設立したてで、まだなんの実績もない会社にも関わらず、力を貸してくれた恩がある。しかし、この財前という男はやっかいだと、付き合っていくうちに知ることになったのだ。いわゆる利己的なタイプと言うか、会社がよい業績を出せば擦り寄り、悪ければすぐにでも切り離すから、相手にすると面倒だと経営者の間では有名だったらしい。

それでも、その冷徹な判断と犬のような嗅覚でこなされる仕事は、銀行内でも業績に非常に貢献しており、多少の荒業は許される立場にいるという。

若宮に対しても、最初のうちは優しく生真面目な男を演じていたため、若宮が財前のこの二面性を知ったのは会社が傾き始めてから。あとの祭りというわけだ。

最近も、こんなふうに脅しに近い連絡を頻繁にしてくるようになっていた。

「すみません、もう少し待ってください。会社の業績はかならず持ち直しますから……」

もう何度目かわからない謝罪は、すでに定型文と化している。

それでも、財前の攻撃は止まらない。

「あのねぇ、待ってくれっていうのは以前から何度も何度も聞いているんですよ。若宮さんがそんな調子で、いつ会社が変わるって言うんですか？　明確な期日を設けてもらわないと。こっちだって遊んでいるわけじゃないんですからね」

「そ、それは……」

財前が若宮に詰め寄る。

（いつまでにって、そんなこと言われてもわかるわけないじゃないか。来年まで、うちの会社が存続しているかどうかすら危ういんだよ……）

若宮が答えあぐねても、そもそも財前自身、会社の建て直しの見通しが立たないことくらいわかっているはずだ。

ここで若宮に期日を明言させることで、失敗したときに「今後は融資が出せない」とでも言おうと考えているのだろう。

若宮はそんな財前の魂胆に薄々感づいていたため、電話口で余計なことを口走りたくなかった。

「……それでは、こうしましょう。今期内です」

「え？　何がですか？」

「我々がオールウェイズ・アサイン社さんの手助けをするかどうかを見極める期限ですよ。今が四月なので、来年三月の御社の決算月いっぱいまでに、業績をよい状態に戻してください。それができなければ、うちからの融資は今後一切お断りいたします」

「十一ヶ月で会社を……」

若宮はうろたえるが、財前はそんな彼を気にもせず、冷たい声で言う。

「どうせ、このままじゃ会社の存続も厳しいでしょう。見切りをつけるには、このあたりがいいタイミングじゃないですか。ねぇ？」

声を聞くだけで、財前がニヤついているのがわかった。

（こいつ、うちの会社が潰れてもかまわないって言いたいのか……）

具体的な言葉にはせずとも、暗に会社の清算を促した財前の言葉に、若宮は怒りで顔が赤くなる。若宮はギュッと両手の拳を握り、今にも怒号を上げそうになるのを必死にこらえる。

結局この男にとっては、自行の利益以外はどうでもいいのだ。たとえ、それが若宮がこれまでの人生をかけて育て上げてきた会社であっても。

若宮は電話の向こうにいる男への怒りと、こんな人間に好きに言われている自分への情けなさに、しばし沈黙していたが、やがて決心したように口を開いた。

「ああ！　わかりましたよ!!　今期末までにこの会社を建て直せばいいんでしょう!?　やりますよ！」

（自分にも一から会社を築き上げた代表取締役としての意地がある。こんな男に、勝手ばかり言われていてたまるかよ）

熱がこもった若宮の声に、財前は驚いたようだが、

「その意気ですよ、若宮さん。それじゃあ、頑張ってくださいね。私どもにお役に立てることがあれば何なりと。では、失礼します」

と、最後まで若宮を小馬鹿にしたような口調で電話を切った。

「クッソ……」

若宮は電話を切った途端、スマホを持った右手を強く握りしめ、拳ごと目の前のデスクに叩きつける。

ガタンと大きな音がし、普段から整理しきれていないデスク上の書類の束が、急な衝撃に決壊して崩れ落ちる。若宮のデスクの周りを大量の白いプリント紙が取り囲んだ。

「今期で業績を上げないと……」

財前の思惑はわかっていたにも関わらず、その場の感情に任せて啖呵を切った代償は大きい。

今期中に業績を戻すと言ったって、この会社に、そんなことができるやつがどこにいるというのだろう。

脳内では「融資が受けられなくなった未来」と、その後に待ち受けているであろう「会社を清算せざるをえない未来」の二つのイメージが、黒い煙を上げて渦巻く。

起業して以来、仲間と築き上げてきたこの会社が、誰かに奪われるか、あるいは跡形もなくなるかもしれない。そんなことを考えるだけで吐き気がしそうだった。

ぐちゃぐちゃになった机の周囲をどうにかしようという考えには至らず、ただ呆然と宙を見上げる。

今までだって、危機は山ほどあった。事業開始当初は資金繰りに苦戦し、危うく資金がショートしそうになったり、大口取引先との商談で部下がミスをしでかし取引すらなくなりそうになったり……。

そんな絶体絶命のピンチですら、決死のアイデアで乗り越え、笑っていろいろなものを許してきた。しかし、今回ばかりはそんな余裕はなく虚空を見つめるばかり。

「本当に、どうすりゃいいのかな……」

半ば諦め、時計の針の音がやけに大きく聞こえ始めたころ、乱れた若宮の思考を高い声が切り裂いた。

「若宮社長！　若宮社長!!　いないんですかー？」

ドアがノックされる音に、若宮はハッと我に返って返事をする。

「あ、ああ！　入っていいぞ！」

若宮が慌てて部屋のドアを開けようとすると、その手がドアノブにかかるよりも先に、誰かの手によって開かれた。

「西村じゃないか。どうした？」

そこにいたのは、美優だった。それも随分と心配そうな顔をしている。

「社長！　大きい声出して、すみません！　でもさっきからずっとお呼びしているのに、返事すらくれないから勝手に入っちゃおうか迷ったんですよ!?」

部屋に入ってくるやいなや、早口で話し始める美優の様子はまるで子犬が鳴いているようで、神経質になっていた若宮は安堵する。

「そうか、ごめんな。ちょっと考え事してたてな、はは」

若宮が軽く謝ると、美優も心配が解けたのか「もう、びっくりしたんですからね」と少し膨れている。

「それで、どうしたんだ？　何か大事な用か？」

若宮が尋ねると、美優も思い出したように慌てて、本題を話し始めた。

「あ、そうだ！　安藤さまという方がいらっしゃっています！」


安藤。その名前を聞いて、若宮は今日の予定を思い出す。

（そうだ、今日は安藤さんがいらっしゃる日だった。うっかりしていたな）

先刻の財前の電話で頭が真っ白になっていたからか、スケジュールをすっかり忘れていたのだ。

若宮は慌てて美優に指示する。

「安藤さんか！　会議室にお通ししてくれ」

「わかりました、すぐに……あの、社長……」

返事をする美優は、なぜかさっきと同じくらい心配そうな顔でこちらを覗き込んでくる。

「西村？　どうかしたか？」

物言いたげな部下と視線を合わせると、美優の瞳には不安の色が浮かんでいた。

「あの、若宮社長、大丈夫ですか？　顔色が悪そうに見えます……。昨日と同じ格好ですし、ご自宅には帰られなかったんですか？」首をかしげながら、眉尻を下げる美優。

心配する部下に若宮は、まさか解散後も飲んだくれていたとは言えずに、

「ん？　そうか？　大丈夫だよ。昨日、飲みすぎたかな。今の業務が忙しくて、着替える時間がなかっただけだよ」とごまかすように笑いながら話した。

すると、美優はそのおちゃらけた若宮の対応に安心したのか、「ご無理はしないでくださいね」と表情を戻し、来客のもとへ向かうために社長室を出て行った。

「部下に心配をかけるとは、俺もまだまだだな……」

バタンとドアがしまる音とともに社長室で一人になった若宮は、独り言を呟きながらため息をつく。

普段はできるだけ笑顔で取り繕っているものの、一瞬の気の緩みを社員に見せてしまったことは、CEOとしてひどく恥ずかしいことのように思えた。

急いで来客のもとに行かねばならないが、心を落ち着かせるために、いったん自身のオフィスチェアに腰を下ろす。

（そういえば、今日は識学のヒアリングの日だったか）

若宮は、今日初めて会う、安藤という男の顔を想像する。

若宮自身は安藤とは初対面だが、長く付き合いのある共通の友人から紹介を受けたのだ。その友人と久々に飲み会をしていたとき、会社の業績の悪さについて、ふとこぼしてしまった若宮に友人が勧めてくれたのが、安藤が代表を勤める経営コンサルティング会社「識学」だった。

若宮は飲みの席で交わした友人との会話を思い出す。

なんでもない大衆居酒屋で、友人と二人して、もう随分飲んでからのことだった。

普段は仕事の会食ばかりで、居酒屋に行く機会も減っていた若宮は、その日は久しぶりの友人との再会に少しばかり調子に乗って、いつもより速いスピードで酒の入ったグラスを空けていた。日々のストレスから逃れようと飲んだくれる若宮に、友人も心配になったのだろう。若宮に識学について語り始めたのだ。

「シキガク……？　聞いたことないな、なんだそれ」

ジョッキに三センチだけ残ったビールを飲み干しながら、若宮は友人が発した聞き慣れない単語に首をかしげた。

友人はアルコールで少し赤くした顔を若宮に向けながら、

「それがさ、できたばかりの会社なんだけど、その安藤っていうやつが優秀なんだよ。もともと、大手の通信会社の子会社で取締役営業本部長に就いて、けっこう大きな組織を動かしてたらしくて。で、その後に独立して作ったのが、今の会社」

と説明する。

若宮は皿から枝豆を手に取り、指先で転がしながら友人の話に耳を傾けた。

「へぇ、立派なやつなんだな。でも、どうせ、よくある経営コンサルなんだろ？　もう、コンサルはなぁ」

今まで雇ってきた、金を吸い上げるばかりのコンサルタントたちの顔を思い出し、訝しげに返答する若宮に向かって、友人はテーブルに乗り出すように少し前のめりになった。

「なんか、意識構造学に基づいた組織運営の手法？　らしいんだけど、それが結構ハードな内容の分、効果は絶大らしくて」

「らしい、って、お前それ誰から聞いたんだよ？」

ありがたそうに話す友人に若宮は返す。すると、

「え、安藤本人だよ？」

と、さも当然かのように答える友人に、若宮は半ば呆れた。

「そりゃ、本人はそう言うだろうよ……」

友人は、若宮のそんなネガティブな反応にもめげず、

「いやいや、ホントすごいらしいんだよ。組織の在り方を根本から変えるっていうか」

と訴えかけた。別にその識学とやらに肩入れしているわけでもなさそうな友人は、それでもなぜか、必死な表情だった。

「へぇ、そりゃすごいね」

友人の気遣いを感じ、仕方なく空返事をしていた若宮だったが、内心ではもうコンサルタントやらアドバイザーやらにはうんざりだった。

（どうせ名前だけのやつだろうよ。こんな状況で、コンサルに高い金払う余裕もないっつーの）

などと心のなかで毒づく。

気のない返事をしながら口に枝豆を一粒放り込む若宮に、友人は最後の念を押すように言った。

「とにかくさ、話だけでも聞いてみろよ。会社、大変なんだろ？　なんか力になってくれるかもしれないし、安藤も会社始めたばっかりで、取引先探してるみたいだし」

興味のなかった若宮だったが、それでも心のどこかで、何かにすがりたい気持ちがあるのは自分でも否定できなかった。熱心な友人の言葉もあって、じゃあ話だけでも、と安藤を招くことになったのだ。

とはいえ、長い付き合いの友人の紹介ということでヒアリングにまでは至ったが、若宮は識学について、いまいちイメージが掴めていなかった。

今までもいくつかの経営コンサルや人事コンサルを雇ってきたが、いずれも明確な結果は出していない。変わらない状況と、毎月送られてくる決して安くはない金額の請求書にうんざりとしていた矢先でもあった。

安藤とはその後、友人を通じて何度か連絡を交わし、先に説明資料だけ送ってもらっていたが、いざ手にした資料もあまり共感ができないものだった。「組織運営の誤解や錯覚」から始まり、「部下を褒めてはいけない」「社員の行動ルールを規定する」など、綺麗に、しかし無表情に印刷された文字が訴えかける内容は、およそ若宮の経営方針からかけ離れている。

（期待できるかどうかはわからないが、財前に啖呵を切ってしまった件もある。時間もないし、背に腹は変えられないか）

財前との電話の内容を思い出し、眉をひそめる若宮は、曲がりかけていたネクタイを引っ張ってまっすぐに直しながら、安藤の待つ会議室に向かった。

一方の安藤はといえば、オールウェイズ・アサイン社に着いた瞬間に、この企業の組織的な問題点の多さに驚いていた。

誰の目から見ても申し分のない上等なオフィスも、いざ内側に入れば、その外観の美しささえ中身のないハリボテのように思えるほどだ。

そもそも、先ほどから自分に対応してくれている若い女性社員は、どうやら社員証を身につけていない。案内された会議室に到着するまでの道のりで、オフィス内を軽く見回してみても、社員証をつけている社員とそうでない社員の割合は半々というところだ。

社員証は、その組織に自分が所属していることを表す大事な証明書であり、多くの会社でつけることがルールになっている。そういうルールがあるのに、社員の誰もがしっかりと社員証を身につけていない会社は、「ルールを守る」ことが苦手な組織である場合が多い。

きっと、上司がつけるように指摘したとしても、「どうしてつけなければいけないのですか？」などと、異を唱える者がいるのだろう。言うことを聞かない部下の顔が目に浮かんだ。


それに加えて、先ほどからずっと鳴り響いている電話の着信音。

簡易的な造りの会議室には、黙っていさえすれば外の音が丸聞こえなのだ。

会社の電話が鳴れば、せめて三コール以内には出たいところだが、もう五コールを超えているにも関わらず、耳をつんざく着信音が依然として鳴り続けている。電話などそもそも存在していないかのように、皆がパソコンのキーボードを叩き続けている有様だ。

「おい、誰か電話対応しろよ」

と我慢をしかねた男性社員と思しき野太い声が聞こえた。

ところが、

「今、忙しいんですよぉ」

「鈴木さん、ちょっと出てくれませんか？」

「ちょっと待って、今、手が離せない」

などという怠けた会話が繰り広げられているうちに、電話は鳴り止んでしまった。

安藤は驚きを通り越して、唖然とした。

もしも、あの電話が大口取引先からのコールだったら、どうするつもりなのだろう？

彼らは電話の重要性をまるでわかっていない。


極めつけは挨拶だ。社長室に向かう道のりで、社員の数名とすれ違ったり、目が合ったりしたものの、明らかに来客である安藤に対して、しっかりと挨拶をする者が一人もいなかったのだ。挨拶は人間関係の基本だ。明るく挨拶をすれば会社の雰囲気がよくなるし、取引先への印象もよくなる。会社として、「きちんと挨拶をしましょう」という程度のことさえ、社員に言えない状況になっていることが容易に想像できた。


無法地帯と称しても過言ではない状況に、安藤の心には、かえって闘争心にも似た感情が湧き上がりつつあった。

会社を設立して、初めてのクライアントが、このオールウェイズ・アサイン社になるかもしれない。会社の代表としては、今回の契約はなんとしてでも掴みたいものだ。

しかし安藤にとっては、契約を取りつけること自体は、もはやそれほど重要ではないようにすら思えてきた。自分が今やらなければいけないことは、もちろん自社の業績を伸ばすことだが、それよりも、目の前のこの傾きつつある企業をどうにか改善し、建て直すこと。それこそが、安藤の持つ根本的な使命ではないかと思えたからだ。

（この会社は、変わらなければならない。いや、変えねばならない）

安藤が確信を得たとき、会議室のドアがゆっくりと開いた。


会社の社長と言うには、まだ若く見える男だった。遠目で見れば、爽やかな青年とも言える風貌だが、近づいて見れば、目頭から深く刻まれた茶色いクマが不健康そうで、上等そうなスーツにも少しシワを寄せている。姿勢もよくなく、これでは初対面の相手に好印象を抱かせるのは難しいだろう。

安藤はすぐに椅子から立ち上がって、軽く頭を下げた。

「若宮さんですね、初めまして。識学の安藤と申します。このたびは、ご連絡をいただきありがとうございます」

丁寧に挨拶をする安藤に、若宮も頭を下げる。

「いえいえ、こちらこそ。お待たせしてすみません。代表の若宮です。このたびはお越しいただきありがとうございます」

手短に挨拶を済ませ、名刺を交換すると、二人とも席についた。

コンコンというドアのノック音とともに「失礼します」という声が聞こえてくる。ドアを開けたのは美優だった。どうやら来客用にお茶を持ってきたらしい。

美優が二人の前にお茶を並べている間に、若宮は安藤から受け取った名刺で彼の会社の名をチラリと確認した。硬めの紙にシックな明朝体で印刷されている。その社名を読みながら、若宮は名刺の表面を親指で軽くなぞり、そして、テーブルの上に丁寧に乗せた。

若宮は改めて安藤の顔を見る。

メタルフレームのメガネをかけ、シワ一つない深い紺色のスーツをピシリと着こなし、お手本のような姿勢でこちらに向き合う彼は、その隙のない風貌から、どこか神経質な雰囲気を漂わせていた。レンズの奥には、強く刺すような視線を放つ瞳が鎮座している。

「改めて、本日はありがとうございます。友人から話を伺ってはいるのですが、詳しくご説明をお聞きできたらとご連絡したんですけど。というのも、お恥ずかしい話、ここ最近、弊社の業績が思わしくなく、安藤さんのお力を借りられるかどうか、と」

若宮は簡単にまとめたあと、お茶の入った紙コップにすっと口をつける。安藤は、若宮がその紙コップをテーブルに置くのを確認すると同時に、口を開いた。

「こちらこそ、ご連絡をいただけて大変嬉しく思います。社内を拝見しました。綺麗なオフィスを構えていらっしゃいますね」

「ああ、ありがとうございます。気に入ってるんですよ」

若宮は笑って返す。

「事前にいただいていたヒアリングシートを拝見しました。お忙しいなか、ご記入いただき、ありがとうございました」

ヒアリングシートというのは、面談の申し入れをしたときに安藤から記入を指示されたものだ。現在の状況確認を行うために、企業の組織形態や社員数、直近の簡単な業績の推移や、若宮のここ一、二ヶ月間のスケジュールを記すような記入欄が設けられていた。

その結果を見て、安藤自らがマネジメント状況を診断してくれると言うのだ。

スケジュールなんて見てなんの意味があるのか、と若宮は疑問を覚えたものの、意図がわからないからこそ、できるだけ詳しく書いた。

「いえいえ。それで、うちの会社の状況はいかがでしたか?」

若宮が尋ねると、安藤は少し間を置いて、答えた。

「失礼を承知の上で単刀直入に申し上げますと、御社の業績の悪化は、このままでは今後も続くでしょう。企業としての存続も危ぶまれる状況です」


若宮がその言葉を耳にした瞬間に、二人の間に張り詰めた空気が生じる。

言葉を慎重に選びながら、けれど忖度なく出された返答に、若宮は口もとが強ばるのを感じる。

ここまで直接的に指摘を受けるなどとは、まるで想定していなかったからだ。

今までのコンサルタントは、皆、終始笑顔でヒアリングを行っていたし、まさか会社の倒産までをも匂わせる発言なんて、もちろんなかった。

それがこの安藤という男は、ニコリともせずに、随分な言葉を投げかけてきたものだ。

若宮は自身の耳に当たってくる、やや伸びてきた髪の毛をうっとうしく感じ、膝に置いていた右手を上げて撫でつけた。

「それは……手厳しいご意見ですね。なぜ、そう思われたのですか？　あの記入項目だけで、会社の未来までわかるものですか？」

若宮は、わざと少し困った顔をして答えた。内心の動揺を隠すためだ。

しかし、安藤はそんな若宮に気を遣う素振りさえ見せず、冷静に返す。

「はい。問題が数多くありました。経営や組織、そして、若宮さん自身にもです」

「僕の問題点、ですか。というのは、例えば……？」

はっきりと答える安藤に対して、若宮は今度は多少の動揺を隠せずに聞いた。

「ここ最近の若宮さんのスケジュールを拝見しました。正直に申しますと、ひどいスケジュールです。日中の予定は部下とのミーティングで詰まり、夜は夜で、飲み会の予定がほとんど毎日ですね。この飲み会はどなたと？」

アンケートシートには最近のスケジュールについての質問もあったのだ。

鋭い視線を向ける安藤に、若宮は答える。

「それも、部下たちと、ですが。それが何か問題でも？」

（スケジュールにまで文句をつけるのか、このコンサルは）

ムキになりつつあった若宮は、少し語気が強くなった。

しかし、安藤はそれにもためらう様子はなく、

「非常に問題です。そもそも、なぜ社長が自ら、自社の部下たちと飲みに行くのですか？」

と、問いただすように言った。

「それは、部下と交流を深めたり、悩みを聞いて解決方法を提案したり、仕事へのモチベーションを上げるためだったり。我々みたいな中小企業の経営者なら、みんなやっていることじゃないですか」と、若宮はまた少し喉に力を入れて答えた。

「それがダメなんですよ、若宮さん。社長は、部下の悩みを解決したり、モチベーションを上げたりするために存在する役職じゃない。会社の業績を上げるためにいるんです」

安藤の言葉に、若宮は口のなかに溜まった唾液をぐっと飲み込んだ。

今、目の前にいる男は、自分がこれまでずっとやってきたことを、全部間違っていたと言うのか？　部下のためを思って毎日飲み歩いたことも、イベントを計画してきたことも、何もかも間違いだったと？

若宮は、今朝ファーストフード店で感じた絶望を思い出す。急に崖から突き落とされたような気分になり、暗い感情を表情に出した若宮を、意にもかけず安藤は続ける。

「たしかに、社員のモチベーション維持のため、社長自らが奮闘するというのはよくあることでしょう。しかし、そうしてきた会社がきちんと利益を上げているか？

答えはＮＯです。日本社会においては、起業した会社の十社に七社が設立して十年以内に倒産すると言われています。御社、オールウェイズ・アサイン社は、このままではその七社の側になる可能性が十分にあります」

話し始めたときとさほど変わらない、平静な様子で話す安藤。

ヒアリングシートと社内の様子を見て、彼の目には、オールウェイズ・アサイン社が今後たどる道のりが想像できていたのだ。

「……私の行動が間違っていたかもしれないという、安藤さんの主張は、わかりました。

では、もしそうだとしたら、私はこれからどうすれば？」

今までやってきたことがすべて間違いだったと言われたとき、若宮は虚を突かれた思いがした。

思い当たる節が少なからずあったからだ。

これまで社員たちのためを思ってやってきたことが、裏目に出ていたのかもしれない。しかし、
自分ですぐにどうにかする方法も思いつかない。

……この安藤の力を借りれば、この現状を打開できるのだろうか？

（いや、しかし、こんな男に俺の会社の命運を委ねるのか……？）

自分の経営に対して散々に言われておきながら、この男が結果を出さなかったら、一体どうしてくれるのだろうか。むしろ、契約を取りたいがために不安を煽る策略かもしれない。

とはいえ、安藤の言う通り、今のままでは業績の悪化が止まらないことも目に見えている。

「安藤さん、あなたにうちの会社が変えられると言うんですか？」

若宮は苦し紛れに質問を投げる。

すると、安藤は真剣な目でこちらを見据え、大きく頷いた。

「かならず、あなたの会社を建て直すと約束しましょう」

膝に手をつき、今にも身体を乗り出してきそうな安藤の様子に、若宮は圧倒される。

『来年三月の御社の決算月いっぱいまでに、業績をよい状態に戻してください。それができなければ、うちからの融資は今後一切お断りいたします』

頭のなかで財前の声が響いた。

(次の決算期までに会社を変えるなんて、きっと、俺一人の力じゃかなわない)

「次の……」

若宮が事情を話そうとして迷い、言い淀むと、安藤は「なんですか?」と聞き返してきた。

「次の決算期、つまり来年の四月までに会社を建て直したいんです。うちのメインバンクの担当に、それまでに会社をよい状態にできなければ、今後融資はできないと言われています。そうなれば、うちの会社はなくなるかもしれない。それでも、それでもできるとおっしゃいますか?」

若宮が目を見開いて聞くと、安藤はもう一度深く頷いた。

「若宮さん、我が社の提供する、識学を使いませんか? オールウェイズ・アサイン社に、若宮さんに、そして部下の皆さんにかならずよい結果をもたらします。なぜなら、識学は組織を根本から改善するメソッドだからです」

安藤は、最後にもう一言添える。

「この会社を、一緒に変えましょう」

安藤の目は一切の濁りなく、若宮を映していた。

若宮は安藤のその眼差しを見て、大きく息を吐いた。

「あなたを信じていいのかわからない。わからないけれど、我々には時間がないんです。どうか、力を貸してください」

株式会社識学と、株式会社オールウェイズ・アサインの初めての契約が決まった日だった。

＊　＊　＊

後日、安藤は契約書を持って、再びオールウェイズ・アサイン社を訪れた。

前回は「御社を変えるため、こちらで施策を練りますので」と言い残して帰ったのだ。若宮は、安藤の言葉を信じるしかなかった。

時刻は十三時。あたたかな陽光が降り注ぐ昼下がりに、安藤と若宮は前回と同じ会議室で対面していた。

「まずは、こちらが契約書になります」

ガラステーブルに置かれた契約書を見ながら、若宮は安藤に尋ねる。

「識学のメソッド、と言っても、最初は具体的に何をするんですか？」

まだ少し疑いの色が交じる若宮の言葉に、安藤は宣言するように言った。

「まずは、私にどこか一つの部署を三ヶ月任せてください」

「部署を任せる？　完全に、ですか？」

若宮は想定していなかった提案に目を丸くする。

経営コンサルというから、まずはヒアリングを重ねるのかと思っていたが、いきなりそこまで内部に介入してくるつもりとは。

「はい、どこでもいいです。三ヶ月でかならず、結果を出します」

きっぱりと言いきる安藤に対して、若宮は頭をかく。

「どこでもいいって、言われても……」

二人の間にしばしの沈黙が流れた。


どこかの部署を任せろと言われても、と困った若宮の脳裏に、一つの部署が浮かぶ。

数秒黙って考え込んだ若宮は、もう一度口を開いた。

「そうだな、じゃあ、第三営業課はどうですかね」

若宮の言う第三営業課は、オールウェイズ・アサイン社のなかでも特に成績が悪く、若宮にとっても大きな悩みの種となっている部署だ。恐らく、この部署で結果を出すのが一番難しいだろうと思われた。

（どうせ、ダメかもしれないんだから、とりあえず任せてみるか）

半信半疑な若宮は、もっとも難易度の高いであろう部署を安藤に一任することにしたのだ。

「そこで、ですが。始めるにあたって、これだけは約束していただきたいことがあります」

第三営業課を担当することに同意したあとで、安藤が言う。

「約束？　なんですか？」と若宮が聞くと、安藤は自らの両手をぐっと握り合うようにして、先ほどまでより少し低い声で言った。

「私が部署を担当した際に、部下の皆さんが苦しくなって、若宮さんに相談しにくることがあるかもしれません。しかし、そのときに異動することを許可したり、上司にフォローするように指示したりするのはやめてください。そして、担当部署の社員には、この三ヶ月間はかならず僕の指示通りに動くように伝えておいてください。若宮さん自身も、僕のやり方に介入することは全面的にやめていただきたい。それだけは、お願いいたします」

言いきる安藤に、若宮は渋々同意をした。

（どうせこのまま続けても変わらないんだ。安藤さんと、そして識学にかけてみよう）

窓から入った太陽の光が、二人の手もとを照らす。テーブルに置かれた契約書には、両社が正式に契約を結んだ証として印鑑が押されている。

こうして若宮は、識学を取り入れることにしたのだった。

【解説】――「識学」とは何か？

「識学」は意識構造学を通して多くの会社の問題を解決してきた〝学問〟であり、〝組織改革のメソッド〟です。組織内の誤解や錯覚がどのように発生するのか、どのようにすればそれらが解決されるのか、独自の理論で答えを提示してくれます。組織に発生している誤解や錯覚を紐解くことで、チームワークがより円滑に機能し、働く人たちがスムーズに成長できるようになります。

人間の意識構造という普遍的なものに基づくアプローチのため、汎用性が高く、どんな業種、業態、企業規模であっても成果を得やすいのが特徴です。本書刊行の二〇二一年八月の時点で、すでに二〇〇〇社を超える企業が識学を導入しており、「今もっとも会社を成長させる組織論」として口コミで人気が広がっています。

本書の舞台となっているオールウェイズ・アサイン社と同様、多くの会社は誤解や錯覚に満ちています。その誤解や錯覚を修正していくときには、組織にストレスがかかり、反発や不安が起きがちです。その反発や不安をコントロールしながら問題解決を進めた先に、より筋肉質で生産性が高い組織が生まれます。

果たして「オルイン」は、その試練を乗り越えることができるでしょうか？

2　奇跡

いつものように出勤した若宮は、そのまま社長室には行かずに、社員たちのいるフロアを訪れていた。

二日酔いで出勤することが多かった若宮だが、最近は不安のためか、一人になりたいからと早く自宅に帰ることが増え、必然的に飲み会の頻度も減っていた。なんとなく、騒いで遊ぶ気分にはなれなかったのだ。

初夏の日差しが差し込むオフィスには、淹れたてのコーヒーの香りが漂っていた。

オフィスには、誰でもタダで利用できるコーヒーマシンを設置しており、これがけっこう美味い。多くの社員が、仕事中の憩いとしてデスクにコーヒーカップを置いている。このコーヒーマシンも、コーヒー好きの社員の要望で若宮が用意したものだ。

オールウェイズ・アサイン社は、ウェブを通したインフラサービスの販売が主な業務であるため、基本的にはパソコンの前に一日中座りっぱなしの社員がほとんどだ。

そんな社員たちに、少しでも快適なオフィスで過ごしてもらおうと、若宮はできるだけ彼らの要望に応えるようにしている。ほかにも、腰が悪い社員のために、腰に負担をかけないと聞いたバランスボールを椅子代わりに用意したり、仕事中に目が疲れないようにと、ブルーライトカットのメガネを配布したり、社長自らが率先して仕事環境の改善に努めていた。

(今日も、みんな元気そうだな)

会社を設立してからだんだんと増えた社員は、もう一二〇人近くになる。家族のように大事にしてきた社員たちが、いつも一生懸命仕事に励んでくれている姿を見るのが、若宮の日課の一つなのだ。今日も変わらぬ彼らの様子を見回して、若宮は束の間の安堵に浸っていた。

「社長! おはようございます!」

若宮がフロアに入ってきたのに気づいて、最初に声をかけてきたのは美優だった。いつも元気な美優は若宮のことを随分と慕ってくれているらしく、彼女らしい人懐っこい笑顔をこちらに向けてきた。彼女の明るい声で、他の社員たちも若宮の存在に気がついたようで、皆口々に挨拶をする。

「おお、みんな、おはよう」

若宮は挨拶を返しながら、美優に手招きをした。

「西村さん、ちょっとこっちに」

社内のことで少し気になることがあり、こういう場合、多くの部署の人間に可愛がられている美優のような部下に聞くのが一番だろうと思ったのだ。

「え？　なんですかー？」

小首をかしげながら駆け寄ってきた美優に、若宮はほかの社員の会話の邪魔にならないよう、少し声のトーンを落として尋ねる。

「第三営業課は、今どういう感じかわかるか？」

そう、若宮が気にしていたのは、安藤の動きについてだった。三ヶ月間好きにさせてくれという主張を承諾したのはいいものの、定期的に安藤からもらう報告書では詳しい動きがわからない。いきなり入ってきた安藤に、部下たちがどんな反応をしているのか気がかりでならなかったのだ。

第三営業課という言葉を聞いて、美優ははっとした表情になるも、

「安藤さんが担当されたっていう部署ですよね。すみません、私はあんまり関わりがないので、わからなくて」

と、両手の指先をこすり合わせるようにしながら、申し訳なさそうな顔をした。

「いやいや、いいんだ。ほかに知ってそうなヤツはいないかな？」

若宮が首を振りながら聞くと、

「そうですね、彼だったら知ってるかもです。平林くん。第三営業課の人と仲よさそうにしてた

気がします」

と部屋の端のほうのデスクを指差した。美優が指し示した先には、この前のカラオケで若宮が仕事の相談に乗っていた男性社員が座っているのが見えた。真面目そうな彼は、今日も真剣に業務に向かっている様子だ。

「おお、そうか。ありがとう。ちょっと聞いてくるよ」

若宮が美優のもとを去ろうとすると、美優は「あの……」と若宮を引き止めた。

「えーと……第三営業課、大丈夫そうですかね？　安藤さん、厳しそうな人ですし」

心配そうに眉をハの字にする美優に、若宮は少し肩をすくめてみせる。

「うーん、それが俺にもよくわからないんだよな」


安藤に第三営業課を任せてから、もうすぐ三ヶ月が経とうとしていた。

契約を交わしてからというもの、彼は毎日オフィスを訪れるようになっている。

安藤の提案に従って、第三営業課に彼専用のデスクを用意したところ、毎朝社員の誰よりも早く出勤し、その日のスケジュールや仕事の進捗状況を細かく管理しているらしい。

どうやら、例の「識学」の理念に基づいてマネジメント業務を行っているらしいが、若宮にはその内情はいまいちわからなかった。

安藤と顔を合わせたときに、若宮は何度か、部署の状況を聞こうと試みたことがある。

しかし、安藤の返答はと言えば、

「まずは三ヶ月任せてください。結果で証明してみせますから」

という一点張りで、明確な状況を教えようとすることはなかった。

(何があるか、わからないんだ。今回も今までと同じ結果なら、すぐに契約はなかったことにしよう)

いまだ拭い去れない識学と安藤への不信感は、若宮の悩みの種となっていた。

だから社員の誰かから、安藤のしていることや部署の様子を聞き出せないかと考えたのだ。

不安を胸に、若宮は美優に教えられた男性社員のもとへ向かった。

(平林くん、ね……)

若宮がデスクの隣に立つと、彼は気配を感じたのか、若宮を見上げる。

「あ！　若宮社長、おはようございます！　すみません、僕、気がつかなくて」

急な社長の登場に驚いたのか、平林はかけているメガネを何度も直すような仕草をした。

「驚かせたか？　仕事中にごめんな。ちょっと聞きたいことがあって」

慌てる平林を落ち着かせるよう笑顔で聞く若宮に、平林は少し肩の力が抜けたのか、

「え？　聞きたいことですか？　なんでしょうか？」とデスクに向けていた身体を、若宮のほうに向け直した。

「うん。安藤さんがきてから、第三営業課のみんなの様子はどうかと思って。それが聞きたかったんだよ」

「うーん、そうですね……人によりけりって感じですね。すごく頑張ってる人もいれば、かなり不満を感じてる人もいそうです」

平林は顎に手を当てながら、思い出すようにして答える。

「なるほどなぁ。平林が、第三営業課に仲のよい同僚がいるって聞いたから、ちょっと教えてもらおうと思ったんだけど」

「そういうことだったんですね。僕の仲のよい同僚が話してたのは、かなり規則が厳しくなったってことくらいですかね」

「規則が厳しくなった？」

若宮は聞き返す。報告書にそんな内容は書いていなかったはずだが、一体どういうことだろう。

「はい。うちの会社って、そこまで厳しいほうではないじゃないですか？　遅刻とか、身だしなみについても厳しく言われることはなかったと思うんです。そこを安藤さんは、ルールを取り決めて、徹底して教育してるって聞きました。社員証のつけ方とか、スーツの着方とか、言葉遣いまで怒られるって」

「そうなのか」

「仲よくしてる同僚は、ちょっとめんどくさがって、僕といるときは愚痴ってましたけどね」

同僚の顔を思い出したのか、平林は軽く笑った。

「そうか、なんとなくわかったよ。ありがとう」若宮が礼を言うと、平林は
「いえいえ！　お役に立ててよかったです！　また何かあったら、いつでも！」

と、若宮がデスクに訪れたときとは打って変わって明るい笑顔で答えた。


若宮は平林のもとを離れ、そのまま社長室に向かった。

やはり安藤のことが気がかりで、もう一度、安藤から提出された報告書を読み返そうと決意する。あまりに問題が起こりそうであれば、文句の一つでも言ってやろうかと思ったのだ。

社長室に着くと、デスクに座り、真っ先に報告書の束を開いた。毎日毎日、ご丁寧に報告書を提出してくる安藤のおかげで、もはや一冊の本でもできるんじゃないかというくらい束は厚みを増している。

ひと通り報告書を確認するも、特に変わったことは発見できない。

若宮は、散らかった社長室をぼーっと眺めた。

（そろそろ、掃除しないとなぁ）

そこらじゅうに積み重なった本や書類の束、領収書らしき紙切れを見て、ため息をつく。

若宮のいる社長室は、比較的簡素な造りをしている。

社員たちのいるフロアと同じ白を基調とした内装に、気に入っているグレーのデスクを置いて、この部屋にいるときはだいたい、そこに座っている。部屋の中央にはローテーブルとソファを置いて、急な来客があったときはここに通すこともある。

もっとも、若宮は社員たちに困ったことやトラブルがあればすぐに対応できるよう、社員たちと同じフロアにいることが多い上に、その他の時間は毎日怒涛のように組まれるミーティングで埋まっていたため、社長室にこもっているようなことは滅多になかった。

だから、余計に社長室の整理整頓や掃除には手が回らず、散らかり放題なのだ。

本当は社員の誰かに掃除を頼みたいところなのだが、こんな状態を片づけさせるのは申し訳ない上に、あまり人の目には触れさせたくないような重要書類も混じっているものだから、迂闊な行動はとれない。

若宮がそんなことを考えていると、デスクに置いていたスマートフォンが鳴った。通知欄にカレンダーアプリからの予定の通知が入っていた。いつもこのアプリを使って、仕事や会食などの予定を一括管理しているのだが、重要な予定はこうやって通知で教えてくれるのも便利な機能だ。

（そうだ、今日は昼から取引先と打ち合わせだな）

アプリを見ながら、今日は火曜日、明日は水曜日、と予定の確認を行っていくと、金曜日の欄で視線が止まった。いつもは部下との飲み会の予定が入っている金曜日のスケジュールだが、今週は違う。

画面には「安藤 結果報告」の文字が表示されていた。

（今週末か……）

若宮は期待と不安の入り混じったため息をついた。

安藤が第三営業課の変革に必要だと提示してきた期間は、三ヶ月。

今週末には、その三ヶ月を終えた結果報告が控えているのだ。

今回の結果報告で、もし目立った成果が出ていなければ、若宮はすぐにでも安藤との契約を切るつもりでいた。今までのコンサルタント同様、結果は出さず費用だけ吸い取られることを、若宮は依然として警戒していたのだ。

加えて、安藤の対応や姿勢は、いささかオールウェイズ・アサイン社の社風には合わないようにも感じる。

先ほど平林から聞いたことが本当だとしたら、安藤の方針に嫌気が差している社員も少なくないだろう。

（大事な社員たちに辞められたら困るしな……）

若宮は、数ヶ月前に安藤を連れて行ったとき、第三営業課の皆が見せた反応を思い出す。

「社長、ほんとに三ヶ月も、あの安藤って人に私たちの部署を任せるって言うんですか？」

「さすがに、ちょっと不安です……」

安藤を紹介したあと、一番最初に不安の色を見せたのは、女性社員の二人組だった。

彼女らは安藤が去ったあと、若宮のもとへ直接訪れたのだ。

「不安な思いをさせてごめんな。三ヶ月だから、安藤さんとどうか頑張ってみてほしい。な？」

「社長が言うなら、そうしますけど……。うちの部署、みんな不安がってましたよ」

必死の励ましにも表情を暗くしたままの二人に、若宮は心を痛めずにはいられなかった。他の社員も若宮や安藤の手前、表立って不満を口にしてはいなかったが、やはり動揺していたことは間違いないだろう。

一方の安藤はといえば、社員たちの不安に気がついていないはずはないだろうに、眉一つ動かすことなく毎日、淡々と業務に向かっていた。

彼のそのひたむきな姿勢は、識学への多少の疑わしさを感じている若宮でさえ、感心するほどだった。

第三営業課には比較的、生真面目な社員が多い。しかし、その真面目さゆえの主張の少なさや消極的な姿勢が、彼らの業績の足を引っ張る原因だとも若宮は踏んでいた。

だからこそ、見方によっては冷血とも言えるような性格の安藤を「劇薬」として投入する決断をした面があったのだが、やはり根本的に反りが合わないのではないか？　という考えが徐々に募り、若宮を後悔させていた。

唇の端を噛みながら、スケジュールをもう一度見直す。変わらず表示されている「安藤」の文字がどこか暗くなって見えた。

（ただでさえ気弱な社員が多い第三営業課を彼に任せたのは、俺の判断ミスだったかもしれないな……早く金曜日になればいいが……）

安藤のことを考えれば考えるほど、なぜだか胃が重くなるのを感じて、若宮は椅子に座り直した。パソコンを立ち上げる。胸のつかえを一時でも忘れるため、いつも以上に張りきって業務に取り組んだ。

＊　＊　＊

そして、金曜日の朝。

若宮は安藤からメールで提出された報告書の数字を前にして、驚きのあまり目を見開いていた。

「ど、どういうことだ……？　たった三ヶ月だぞ……？」

若宮の目に映っているのは、想像もしていなかった数字だった。

安藤に任せた第三営業課の営業成約率が、格段に跳ね上がっているのだ。売上の増加に伴い、利益率も最近のオールウェイズ・アサイン社では見たこともない高い数字を叩き出している。

若宮は安藤の言葉を思い出す。

『三ヶ月でかならず、結果を出します』

安藤は、あの宣言通りに結果を出したのだ。

（しかし、どうやって？）

平林に聞いた話や日々の報告書からは、それほど変わったことをしている様子はなかった。ルールを正したり、スーツの着方を変えるだけで、これだけの結果を出せるものだろうか？

若宮がさらに巡らせようとした思考を、甲高い着信音が遮った。

スマートフォンの画面には「安藤」の文字。若宮は驚きつつも、すぐに持ち上げて耳に当てる。

「お疲れさまです。安藤です」

初めて会ったときと変わらない、平坦な声がスマートフォンのスピーカーを揺らす。

「はい、若宮です。お疲れさまです」

「お忙しいなか、すみません。先ほど送った報告書の件ですが」

「見ました、報告書。拝見しました」

安藤が詳しく話し出す前に、若宮は言葉を遮るように言った。

「たった三ヶ月でこれだけの数字を出されるなんて、思ってもみませんでした！」

若宮はそう言いながら、スマートフォンを持つ右手に力を込めた。

「そうですか、ありがとうございます」

興奮を隠しきれない若宮に対し、安藤は至って冷静だ。これくらい当然だとでも言いそうな感じすらある。

「安藤さん、今はどちらにいらっしゃいますか？」

「私ですか？　今は第三営業課にいますが、三ヶ月の期間が終わったので、今日はこのまま自社に戻ろうかと思っていました。若宮さんは社長室でお忙しくされていると、あの西村さん？　と言っていた女性社員の方からお聞きしたので、取り急ぎお電話だけした次第です」

「そうですか。お急ぎでなければ、一度会社にお戻りになる前にお話しできませんか？　今回の報告内容の件で、お聞きしたいことがたくさんあるんです」

若宮は安藤を社長室に呼びだすことにした。安藤は自分の会社に帰るつもりだったらしいが、このままではいられない。一体何をしたのか、一刻も早く知りたかったのだ。

「わかりました。では、社長室まで伺います」

安藤の承諾を取りつけ、若宮は通話を切った。

スマートフォンをデスクに置き、若宮は安藤がやってくるまでの少しばかりの時間、半分だけ閉じられたブラインドの隙間から窓の外を眺めていた。空はまぶしいほどに晴れ渡っている。若宮は、会社の再建について一筋の光明を見つけたような気がしていた。

ほどなくして、安藤が社長室のドアを叩いた。若宮は安藤を部屋へ通し、ソファへ座らせた。そして自分も安藤の真正面の位置に腰かける。

お互いの身体がソファに沈み込み、若宮がこれから始まる会話の準備のように、ゆっくりと息を吐いた。さて、と喋り始めようとしたところで、最初に口を開いたのは、意外にも安藤のほうだった。

「それで、いかがでしたか？　報告書のほうは」

安藤の声が小さな社長室に響く。

若宮は、その問いに答える前に、少し前のめりになった。

「正直、驚きました。あそこまでよい結果を出されるなんて」

若宮が驚きを隠さずに伝えると、何も言わずに安藤は、若宮の次の言葉を待った。

「けれど、安藤さんがどうしてあんな結果を出すことができたのか、僕には見当もつかないんです。第三営業課を見ていても、そんなに特別なことをしていたとは思えないし、むしろ、不満の声すら上がっていた。それなのに、今までとは比べ物にならない数字を出すことができた。その理由を教えていただきたかったんです。それで、お呼びした次第です」

若宮は完敗だと言わんばかりに安藤への称賛の言葉を並べ、率直に聞いた。

「そうでしたか」

安藤はメガネを直しながら軽く頷くと、話し始めた。

「若宮さんはね、〝よい社長〟を目指しすぎていたんですよ」

予想外の言葉が投げかけられる。いや、安藤が口にする言葉は、いつも予想を外れるものばかりだ。

「それは、どういうことですか？」

できるだけ平静を装いつつ尋ねた若宮だったが、内心では、心あたりがありすぎた。

〝よい社長〟というのは抽象的な言葉だが、若宮がこれまで会社経営で理想としてきたものを表すのに、これ以上ピッタリの言葉はなかった。

「会社という組織において、トップである社長は部下一人ひとりの細かいところまで面倒を見てはいけないんです。そうすることで、部下は成果を上げなくても承認された気になり、成長しなくなる。さらには中間管理職も、自らの部下育成という仕事が奪われ、育たなくなるからです」

若宮は安藤の言葉にさらに引き込まれた。

安藤が提唱する理論は、今まで若宮がやってきたこととはまったくの逆方向にあるものだ。

「ですが、それだと部下から不満に思われませんか？　部下の面倒はできるだけ見てやりたいです。私は、常に社員たちに寄り添った経営を目指してきたのですが？」

「……若宮さんのその考え方こそが、会社の存続を危うくしているんですよ」

自身にはっきりと向けられた鋭い指摘に、若宮は言葉を詰まらせた。

そんな当たり前のことが、会社自体を傾ける根本的な理由になりうるのだろうか？

「若宮さん、その考え方は誰のためにあるものでしょう？」

「え？」若宮には、安藤が何を聞いているのか意味がわからなかった。

その様子に気がついたのか、安藤はもう一度言い直す。

「部下に寄り添って、面倒を見てやる、という考え方です。それは、誰のためのものですか？」

「それは、もちろん会社と社員のためです。社員にのびのびと働いてもらうためには、重要なことじゃないですか？」

当たり前だ。今まで、そうやって頑張ってきた。若宮は、自らのこれまでの過去が否定される危険を感じ始めていた。奥歯に力が入る。これ以上、この話が続けば、自分が不快な思いをすることは容易に予測できた。それでも、その先を聞かなければならないという確信があった。

安藤は言葉を続ける。

「違いますよ。それは、会社のためでも、社員のためでもない」

そして、最後の追い打ちがかけられた。

「……若宮さん、それはあなた自身のためです。社員に嫌われたくない、好かれる社長でいたいという思いを、若宮さん自身がかなえるためでしか、ないんですよ」

安藤の痛烈な言葉に、若宮は頭を殴られたかのような気分になった。

会社と社員たちのためにと思い、自分が今までやってきたことは、すべてが自分のためだったと言われたのだ。言いようのない羞恥心が彼を襲った。

ゆっくりと冷えていく思考回路のなかで、若宮は自身の今までの行動や記憶を反芻していた。

安藤から投げかけられた言葉は、恐らく事実だ。よい社長として振る舞い、部下の悩みをすべて自分が解決しようするあまり、社長である自分がこの組織の土台を崩していたのかもしれない。よかれと思ってしていた行動が、結果的に自社の首を締めていたのだ。

「そう、だったかもしれません……」

若宮は呟くように、声を落とす。

ひどく落ち込む若宮の頭のなかでは、同時にある決意が固まっていた。

若宮は安藤をまっすぐに見つめて、口を開く。

「安藤さん、先に謝らせてください。私は、識学を侮っていました。どうせ、ほかのコンサルと変わらないと思って。でも、こうして結果を見せていただきました。私自身の間違いも」

「お願いします」と若宮は続けた。

「私たちのオールウェイズ・アサインに識学の力を貸してください。私は、この会社を変えなければならない」

若宮の心はすでに決まっていた。識学を正式に導入する。そして、会社を建て直す。

「もちろんです。最初から、そのつもりできていますから」

安藤の目が、眼鏡のレンズの向こう側で光った。どちらからともなく、二人は固い握手を交わした。

オールウェイズ・アサイン社が、新たなステージへとステップを登った瞬間だった。

＊　＊　＊

安藤の結果報告の翌日、若宮は全部署の責任者を集め、緊急会議を開いた。

この結果をいち早く社員たちに伝え、識学を正式に全社へ導入することを発表しなくては、と考えたのだ。

急に集められた各部署の責任者たちは、何事かとどこかソワソワした様子で、第一会議室のテーブルを囲んだ。オールウェイズ・アサイン社のオフィスには、第一会議室・第二会議室の二つの会議室があり、第一会議室は数人での小規模なミーティングに、そして第二会議室は大人数を集めた大規模なミーティングを行えるだけの広さがある。

全部署の責任者が全員集まるには少し狭い第一会議室には、張り詰めた空気が流れていた。

「……あの人が安藤さんですよね？」

集まっていたうちの一人、山岸紗安佳が隣に座っている同僚に小さな声で聞く。

山岸の視線の先には、テーブルの端のほうで何か資料のようなものを確認する安藤の姿があった。今回の緊急会議に安藤も参加するのだと知って、皆が余計に動揺しているのだろう。

山岸は第二営業課の課長で、彼女の課もあまり成績が芳しくない。そのため、次に安藤の手が加わるとすれば、自分の部署であろうと思い、怯えにも似た心持ちでいた。安藤が厳しいという噂は、親しい第三営業課の者からすでに耳に入っていた。

営業職の課長という役職を務めているにも関わらず、山岸はあまり自己主張が得意な性格ではない。厳しい態度の人との付き合いは、昔から苦手だった。

皆が隣の者同士ヒソヒソと話し始めたところで、今回の緊急会議を開いた張本人、若宮が会議室に入ってきた。

「みんな、集まってくれてありがとう」

そう声をかける若宮は、いつもよりずっと静かな佇まいだ。いつもは緩んでいるネクタイも今日はきっちりと締められており、スーツにもシワ一つない、どこか固い印象を与える姿がそこにはあった。その雰囲気に違和感を覚えたのか、誰かがゴクリと唾を飲み込んだ音がする。

そんな緊迫感に気がついているのかいないのか、若宮は冷静な声で、会議の本題について語り始めた。

「すでにみんなの耳にも入っているかもしれないが、今回、識学の安藤さんをお呼びして、三ヶ月の間、第三営業課の担当をしてもらった。第三営業課の成績が思わしくなかったことを知らない社員は、ここにはいないはずだ。

先日、約束の三ヶ月の期間が終了した。その結果をみんなにも見てもらおうと、今日は集まってもらった。じゃあ、ここからは安藤さん、お願いします」

若宮がそう言うと、安藤はおもむろに立ち上がってモニターの電源を入れた。

映し出されたのは、第三営業課における三ヶ月前までの成績の推移と、直近三ヶ月間の成績を比較した表のようだが、まだその表には数字が入っていない。

そんな空欄の表を見せながら、安藤は静かな声で説明を始めた。

「皆さん、初めまして。安藤と申します。

今回皆さんにご説明したいのは、我々が提供する識学を実際に利用した際の、御社の業績の変化についてです。私は三ヶ月前から、こちらのオフィスに通わせていただきながら、第三営業課の皆さんに業務上での指導を行ってまいりました。それについては、皆さんのなかにもご存知の方が多いかと存じます。

そして、実際に三ヶ月が経って、これまでの結果を皆さんにもお伝えさせていただければと思い、今回はこのような会議に参加いたしました。

まずは、こちらの表をご覧ください。こちらが、私が御社に関わる直前の四月までの数値です」

安藤がそう言いながら手に持ったリモコンを操作すると、縦に二分割された表の左側に四月までの成績が映し出された。

皆が食い入るようにモニターを見つめるが、その四月までの数値は、社内の誰が見てもよいとは言えないことが明らかだった。営業課だというのに、そもそもアポがとれておらず、成約率も非常に低い。

ため息をつきたくなるような表を見て、もともと安藤の関与に怯えていた山岸は、自分の課も最近は業績が振るわないのを改めて思い出し、さらに強い不安を感じる。

室内に重い空気が充満したところで、安藤は再度口を開いた。

「皆さんもご覧になってわかる通り、以前の第三営業課の業績は決していいものとは言えませんでした。一方、私が識学のメソッドで指導を加えてからの数値が、こちらです」

安藤がもう一度リモコンのボタンを押すと、今度は表の右側の数値が映し出された。

「え、まじか……」

その数値を見て、誰かが本音を隠しきれずに心の声をそのまま漏らした。

なんと、あの第三営業課が、業績を二倍にまで伸ばしていたのだ。

「ご覧いただける通り、業績は三ヶ月前の一〇〇％増。数値だけではなく、たくさんのクライアントさまから、好印象の評価もいただいております」

安藤が至極当然のことように報告する内容に、一同は目を見開いた。

並大抵の努力じゃ、こんな数字は叩き出せない。

（どうやって、こんな結果を実現させたんだろう？）

誰もが感じた疑問を最初に口にしたのは、安藤の一番近くに座っていた、執行役員で営業部長の佐伯航平だった。

「……どうして、そんなことができたんですか？」

信じられないという様子で尋ねる佐伯に、安藤はリモコンのボタンを押して、さらなる資料を映し出しながら答える。

「なぜ？　というご質問に一言でお答えするなら、まずはルールを徹底させたことでしょう。今までの御社は、一人ひとりの自由な行動や考え方に重きを置きすぎていたために、社員の統率がとれていなかった。誰もが思い思いに行動するから、誰も正しい行動ができていなかったのです。個人としてはよくても、それでは会社は伸びていきません。個を重視するよりも、組織としていかに利益を追求できるかが、会社においては重要だと社員の方々に教育いたしました」

そんな安藤の説明に熱心に耳を傾け、頷く者がいる一方で、不満をあらわにしている者もいる。若宮の隣に座っていた副社長の添田だった。

彼は安藤を睨むように見据え、

「業績が上がったとしても、あまりに軍隊的というか強制的すぎるんじゃないですかね？　それで社員たちのストレスを増やしすぎるのも、いかがなものかと。そもそも急にやってきた部外者に会社の方針を決めさせるなんて、創業メンバーとしては黙っていられませんね」

と言い放った。営業部長の佐伯も同意見なのか、小さく頷いている。

口論を避けるためか、安藤はその場では何も言わなかった。しかし、二人の間に対立が生じているのは火を見るより明らかだ。

さらに添田は、安藤を採用しようとしている若宮にも厳しい目線を向けるが、若宮としても簡単には引き下がれない。いくら創業メンバーの意見といえども、会社の厳しい現状を放置するわけにはいかないのだ。

「たしかに難しい部分もあるが、そこは安藤さんもプロなのだから、少しずつ適用していけばいいんじゃないかな。とにかく、識学を全社に導入する形で改革を進めていきたいと思う」

若宮はそう言って、一歩も譲ることがなかった。そうしてピリついた空気のなか、その日の緊急会議は終わりを迎えた。


（添田や佐伯は、やっぱり賛成してくれないのか……）

添田は会社をともに立ち上げた仲間であり、そんな彼が猛反対しているという事実は、いくら決意を固めた若宮でもこたえた。

肩を落としてトボトボと社長室に戻る途中で、ポケットに入れていたスマートフォンが振動する。取り出して画面を確認すると、財前からの着信だった。

こんなときに声を聞きたい相手ではないのだが、無視すれば後々面倒なことになるとわかっているので、仕方なく応答ボタンを押す。

「はい、もしもし」

こちらの心情を悟られないように軽い声で応えると、財前はいつもの調子で話し始めた。

「ああ、若宮社長、最近はいかがですかぁ？　あの話から三ヶ月経ちましたけれど、会社、うまくいきそうですかぁ？」

まるで、うまくいくわけがないと確信しているような、こちらを小馬鹿にしたような間延びした声が若宮の神経を逆なでし、年甲斐もなくムキになりそうになった。

「財前さんでしたか。随分とご心配いただいているようで、痛み入ります。……ですけどね、うちにもよいコンサルが入りまして、業績もぐんぐん上がっていますから。どうぞ、ご安心を」

若宮はイライラしながらも、安藤のことを思い出して少し胸を張って答える。

財前は、以前とは違う自信ありげな若宮の様子が面白くなかったのだろう。

「へぇ、それは素晴らしい。期待しておりますよ」

とつまらなそうな声とともに、手短に電話が切られた。

通話が終了すると、若宮は足早に社長室に戻り、バタリと音を立ててドアを閉める。

「クッソ、絶対あいつの好きにはさせないからなぁぁぁ!!!」

若宮の怒りのこもった声は、部屋の壁に吸い込まれ、誰の耳にも届くことはなかった。

【解説】――人気者の社長が、会社を危機に陥らせてしまう単純な理由《ワケ》

組織の運営に苦慮し、誤解や錯覚を多く生じさせている社長には共通点があります。

それは「一人の人間として社員に好かれたい。人気者でいたい」という気持ちに素直すぎることです。

本人はそうと気づいていないことも多いのですが、そういう社長は社員が喜ぶようなイベントをたくさん開いたり、社員の要望にできるだけ耳を傾け、一人ひとりに寄り添ってその悩みを自ら聞いてあげ、ときにアドバイスしたりします。社員と一緒に飲み歩き、二次会や三次会にまで付き合います。

まさに本書の若宮の行動ですが、実はそうした社長の行動の裏には、自分が一人の人間として社員に好かれたい、「いい人」だと思われたい、という承認欲求が隠れていることが多いのです。

本人の意識としては「これこそが会社の成長につながるんだ」「こうやって丁寧にケアしてあげたほうが、社員が成長するんだ」といった考えがあることも多いのですが、果たして、本当にそうでしょうか？

社長が本来、評価を獲得しに行かねばならないのは、消費者やクライアントといった市場であ

り、金融機関や株主といったステークホルダーです。それなのに「社員から好かれたい、人気者でいたい」と社員からの評価を獲得しに行ってしまっては、会社が回らなくなるのも無理はありません。

本来は市場やステークホルダーからの評価を得るために必要なことを、分解してそれぞれの社員に課すことが社長の役割なのに、社員からの評価が下がることを恐れてそれができなければ、まさに本末転倒です。

また、社員の生産性を高め、成果をしっかりと出してもらうための責任と権限は、社長ではなくそれぞれの部署の管理職が持っています。

それなのに、会社のトップである社長が一般の社員とマンツーマンで話し合い、業務上の悩みを聞いて直接アドバイスする。あるいは一緒に飲みに行って、いつも最後の最後まで付き合う。――このような行動をしていると、社員の間には「自分は社長の直属の部下なんだ」という錯覚が生まれます。それればかりか、「自分は社長の直属の部下なのだから、間に挟まっている上司の言うことなんて聞く必要はない」という錯覚まで生まれやすくなります。

さらには管理職の人間にまで、「社長が直接部下の指導をしているのだから、部下の管理の最終責任を負っているのは社長であり、自分ではない」という誤解が生じるのです。

こうした誤解や錯覚にまみれた状態では、会社の指揮命令系統はうまく回りません。

上司が部下に指示を出しても、部下がそれを尊重せず、不満があれば直属の上司を飛ばして社長に直接文句を言いに行くようになります。

社長の側でも社員に嫌われたくないので、「じゃあ、君だけは特別対応でいいよ。課長には私から言っておくよ」などと応じてしまいます。

結果、次第に組織が機能しなくなって、市場で競合に競り負けるようになり、危機に陥っていく、という悪循環です。

逆に言えば、社長が部下それぞれの立場に求めることを明確に示し、それぞれの役割が持つ責任と権限についての誤解や錯覚を正した上で、自らもそれらを逸脱する行為をやめれば、機能不全に陥っていた組織は一気に改善します。

結果として、2章で安藤が実現したようなV字回復を見せることもある、というわけです。

3　波乱

三ヶ月かけて、安藤による第三営業課の改革が終わった。

若宮が安藤の、そして識学の力を正式に借りることを決めた日から、早くも一週間が過ぎようとしている。


その日の朝、若宮は部署を限らず社員の全員を、オフィス内の同じフロアに集めていた。

「若宮社長、なんか大事な話があるって言ってたけど、なんだろうな？」

「できれば早めに出社してほしいって言われたけど、まだ眠《ね》みーよ」

「まあ、こんなことも珍しいからいいんだけどさ」

突然に集められた社員たちは、どこか落ち着かない様子だ。普段から仲のよい男性社員たちは寄り集まって、これから起こることを勘ぐり、噂話をしていた。

窓の外にはどんよりと重い雨雲が広がっていて、そこから大きな雨粒が大地に降り注いでいた。

今日は一日中、雨の予報らしく、出勤してきた社員たちの着ているスーツもところどころ濡れてしまっている。

若宮が昨日の退勤前に、「できれば、明日は少し早く出勤して集まってほしい」と全社員に社内メールで連絡していたため、皆早めに出勤しているのだ。普段はのんびりと出社してくる面々のなかには、まだ眠そうな顔をしている者も見受けられた。

雨音がオフィスに張られた窓を打ち、彼らの心をざわつかせる。

(若宮社長、急にどうしたんだろう?)

集まって噂話をする社員たちから少し離れて、しかし人一倍社長の行動を憂いていたのは、美優だった。

最近の若宮の様子はおかしい。毎週のように連れて行ってくれていた飲み会の回数は極端に減ったし、社内で顔を合わせるときにもそっけなさを感じていた。ときには窓から遠くの景色を眺めて、考え込むような表情を見せることすらある。

そして、今日の急な全社員召集だ。何か、不吉なものを感じざるをえなかった。

(やっぱり、あの安藤さんって人のことかな)

美優の脳裏には、安藤の顔が浮かんでいた。

いつもきっちりとしたスーツに身を包みながら、社長である若宮を前にしても物怖じせず、常に毅然と話すあの姿。冷たい表情でメガネを直す仕草にも、美優はあまりよい印象を抱いていなかった。

もしかすると、その安藤によって、若宮は何かよからぬことを吹き込まれているのではないか？　いつも優しい表情を向けてくれる若宮の顔と、厳しい表情の安藤の顔のイメージが美優の脳内で交差する。

（もし何かがあったら、私もちゃんと意見を言えるようにならないと。私たちの大好きな若宮社長なんだから……）

美優は肩にぐっと力を入れたあと、深呼吸しながら力を抜く。

とにかく、最高の職場であるオールウェイズ・アサインを守りたい気持ちでいっぱいなのだ。

「美優ちゃん、おはよう！」

ぽつんと一人でいて、朝から何か悩んだ表情をしている美優を心配したのか、出社してきたばかりの先輩が声をかけにきてくれた。第二営業課で係長を務める秋元陽子だ。少しふっくらとした顔に、満面の笑みをたたえている。

「秋元先輩！　おはようございます！」

ぼーっとしていた美優は、慌てて挨拶を返した。

いつも元気な後輩が、悩みでも抱えていると思ったのか、秋元は美優の肩を強く叩きながら様子を聞いてきた。

「美優ちゃん、どうしたの！　なんか元気なくない⁉」

パタパタと肩を叩かれて身体を揺らしながら、美優は答える。

「いえいえ、大丈夫です！　大丈夫ですよ！」

「『大丈夫』って若い子が言うときは、大丈夫じゃないときなんだから、無理しちゃだめよー？　ちゃんと先輩に相談しなさいね⁉　ほら！」

秋元は自らの存在感のあるお腹をぽんと叩きながら、胸を張った。

彼女は美優よりひと回りほど年上で、若い社員に世話を焼く姉御的な存在だ。

明るくさっぱりとした性格はどこに行っても評判がよく、クレームやクライアントとのトラブルが生じたときには先陣切って対応してくれる、オールウェイズ・アサイン社には欠かせない存在となっている。

「ありがとうございます。……なんか、最近社長の様子がおかしいじゃないですか……それで、もしうちの会社に何かあったらどうしようと思って、不安で」

美優が言葉を選ぶように打ち明けると、秋元は「そうねぇ」と頬に手をやった。

「安藤さん、だったかしら……？　あの人がきてから、社長の様子がおかしいってのは私も思ってたわ。今日だって、急な召集だし。でも、私たちはあくまでも社員だし、社長がやることを止めることはできないからねぇ」

「困ったわねぇ」と呟きながら、多くの社員が集まったフロアを見回す秋元。彼女もまた、自社の変化の兆しを感じているのかもしれない。

美優は秋元の言葉に頷きながら、窓の外に視線を移した。

少し前より、さらに暗くなった空からは、雨粒が絶え間なく降り注いでいる。この調子では雨は当分止まないだろう。

七月のまだ訪れたばかりの熱気が、雨の湿度と混ざり合ってねっとりと肌に絡みつく。この感覚は、あまり気持ちのよいものではない。


「そう言えば、秋元さん……」

暗い話はやめて、話題を変えようと美優が口を開いたとき、ガチャリと音を立ててフロア入口のドアが開いた。

「みんな、おはよう」

「若宮社長！　おはようございます！」

ドアを開けて入ってきたのは、若宮だった。彼は一人ではなかった。続いて入ってきたのは安藤だ。

若宮はいつもの緩い感じとは違ってピシリとスーツを纏い、落ち着いた雰囲気を漂わせている。

その隣に立った安藤は、美優が初めて彼を見たときの印象と少しも変わらない、どこか冷たくて近寄りがたい空気を漂わせていた。

若宮がスーツのジャケットの襟を少しつまんで正す。どこか厳かな空気が、一瞬でフロア内に張り詰めた。

「若宮社長、今日はなんなんす……あ、いや、失礼しました」

いつものように若宮に絡もうとした男性社員は藤川だった。

しかし、途中で普段とは違う若宮の硬い表情を見て取り、言いかけた言葉を飲み込む。

最近入社したばかりの彼は、若さゆえか普段はおちゃらけてばかりなのだが、こういうときは意外なほどに空気の読める男だ。今回も何かを察したのだろう。

(若宮社長、どうしたんだろう……)

美優の胸のざわつきはさらにその波を強めた。


「よし、ほぼ全員いるな」

若宮はフロア全体をぐるりと見渡しながら、社員たち一人ひとりと目を合わせていく。

「急な連絡にも関わらず、忙しいなか集まってくれてありがとう。今日みんなを集めたのは、我が社の今後に関わる重要な報告があるからなんだ」

前置きをして、若宮は一歩後ろに下がり、隣に立っている安藤を前に押し出すようにした。

「第三営業課はよく知っていると思うが、改めて紹介する。今回、正式にうちのパートナーとなる、識学の安藤さんだ」

若宮の言葉に、その場が小さくどよめいた。

美優は声を出すのをかろうじて我慢したが、代わりに大きく目を見開いた。

パートナーになる——ついに、あの安藤がオールウェイズ・アサイン社に正式に足を踏み入れることになったのだ。

他の社員たちも、安藤の噂を聞いていたのか、皆、顔を見合わせていた。

しかし、そんな社員たちの様子にもこれといった反応を示さず、安藤は丁寧に頭を下げて挨拶した。

「安藤です。よろしくお願いします」

よほど決意を固めてきたのだろう。社員たちのどよめきを耳にしても、若宮は表情一つ変えない。以前の若宮なら、社員たちが不安に思うようなことは極力しないようにしたのだろうが、今はそうは考えていないようだ。

安藤の挨拶に続いて、若宮が説明を始める。

「安藤さんには、我が社の業績を向上させるべく、主にマネージャーへの指導をお願いすることになっている。みんな、そう認識しておいてほしい。

我が社を抜本的に変えるために、安藤さんの指導を会社全体に行き渡らせたいんだ。多少苦しいこともあるかもしれないが、各自、理解を頼む」

若宮らしくない発言に、美優は胸が苦しくなった。今までの彼なら、社員たちに寄り添って、新しい社内施策を始めるにしても、事前に社員一人ひとりの意見を吸い上げていたはずなのに。

重くて冷たい何かが、美優の胸のなかをぐるぐると回る。

(何か、意見を言わないと)

そう思った矢先、

「社長、やはり急すぎるんじゃないですかね」

と誰かの声が聞こえた。

声の主は、各部署の責任者だけの緊急会議でも安藤によい顔をしていなかった佐伯だった。

彼は物静かな性格なため、こうやって大勢の前で意見を言うなんてことは珍しかった。

「佐伯、それに関してはこの前の会議でも説明しただろう。これも会社のためなんだ」

若宮は佐伯のほうを見ながら、理解を促すように言った。

「あんな説明だけでは納得いきません。会社の改革はもちろん必要だと思いますが、まずは社内のマネージャーだけで話し合う機会を作っていただいてもよかったはずです」

佐伯も譲らない様子だった。管理職でただでさえ責任が多い彼にとって、部外者による指導内容の改変やマネージャー育成など御免こうむりたい、といったところだろう。そもそも佐伯自身、最近は思ったように業績を上げられていないことに悩んでいた。これ以上余計な負担は増やしたくない、という思いが強かったのだ。

「それは申し訳ないと思ってる。けれど、佐伯も知ってる通り、うちの会社の業績は最近急激に悪化してるだろう。実は、今が状況を変える最後のチャンスなんだ。状況は、みんなが考えているより悪い」

引き下がらない若宮に対し、佐伯は少し眉間にシワを寄せた。二人の間に、わずかな時間、沈黙が生まれる。窓に打ちつける雨の音が、ふいに訪れたその静けさを強調した。

「まぁ、オルインっぽくないのはたしかっすよねえ」

沈黙を破ったのは、先ほどは言葉を濁した藤川だった。

社長と執行役員の問答に、最近入ってきたばかりの社員である藤川が意見を加えるなど、命知らずもいいところだ。一方で、その意見は多くの共感を得たらしく、藤川の近くに立っていた社員たち数名が思わず頷いていた。

「藤川、ちょっと……」

若宮が藤川に注意しようとすると、意外にも安藤が藤川に返答した。

「オルインっぽい、ですか。そういう考え方が、会社を潰すんですよ」

先ほどまで一言も発さずに、ただ静かに聞き役に徹していた安藤が、耐えかねたのか苦言を呈する。

その言葉を聞いた藤川は、あからさまに不機嫌な顔をする。沈黙とともに、冷たい空気が場に舞い戻る。明らかな対立が生じてしまったフロア内で、美優の不安は増幅していくばかりだ。

「とにかく、明日からマネージャー研修が始まるから、みんな、よろしく頼む」

そう言い残して、若宮は安藤とともにフロアをあとにした。

その場は冷たい空気に沈んだままだ。

「社長、ほんとにどうしちゃったんだろうね……」

誰かが発した言葉が、重く響いた。

美優は自分と同じく、表情に不安の影をにじませた秋元と顔を見合わせ、その日はひとまず業務に戻ることにした。

（どうしよう……このままじゃ、仲よしのオルインがバラバラになっちゃう……）

重い空気と湿気に頭痛がしそうな一日だった。

＊　＊　＊

翌日、オールウェイズ・アサイン社のマネージャーとなっている社員、つまり係長以上の管理職が一人残らず集められ、安藤による「識学マネージャー研修」を受ける運びとなった。

研修場所として指定された、オフィスのなかでもっとも広い第二会議室には、すでに安藤がいて準備を始めている。

美優はまだマネージャーではないが、在籍期間を考えれば近いうちにマネージャーになると予想されたため、「マネージャー見習い」として研修に参加することになった。

会議室に座り、一番端の席で研修が始まるのを待つ。

（みんな、やっぱり納得していないんだな……）

朝から第二会議室に集められた社員たちは、これといった不平不満は口にしていないが、どこか不機嫌な空気を醸し出している。以前の親しみやすい若宮の人柄に惹かれていた社員たちのなかには、突然の安藤の登場と急な改革宣言、そして今回の研修への参加指示に不快感を持っている者が多いのだ。

社内では徐々に、若宮と安藤のタッグ対社員たちという、奇妙な対立構造が生まれ始めていた。

「皆さん、本日はお集まりいただきありがとうございます。これより、第一回マネージャー研修を始めます。どうぞ、よろしく」

不機嫌そうなマネージャーたちの様子などもろともせず、安藤は用意されたモニターの前で開会の言葉を述べる。普段と変わらずほとんど無表情の彼は、社員たちの思いなどマネジメントには関係ない、とでも言いたいのかもしれない。


参加者の面々のなかには、昨日、揉めていた佐伯や藤川の姿もあった。佐伯は冷たい目でモニターを見据え、藤川は佐伯から数席離れた場所で、特に興味もなさそうな様子で座っている。

営業部長である佐伯はともかく、藤川に関して言えば最近入社したばかりのためマネージャー権限などまったくないのだが、見込みのある若手を育てるためにと、美優と同じ「マネージャー見習い」として、若宮が半ば無理やり送りこんでいた。

「なんなんだよ、あいつ。ほんと偉そうだよな」

藤川は、安藤の泰然自若とした態度が癪に障ったのか、隣に座っている同じ立場の同僚にそう耳打ちした。

「まあ、落ち着けって。みんな嫌がってるんだから、どうせ長く続かないだろ。若宮社長も効果がなかったら、すぐにやめるって言ってたし、テキトーにやり過ごそう」

「まあ、そうなんだけどさぁ……」

端切れの悪い返事をする藤川も、同僚の言葉には一理あると感じたのか、それから先は黙っていることにしたようだ。

「最初に、マネージャーの皆さんに一つ質問をさせてください」

安藤がそう言いながら手もとのリモコンのボタンを押すと、モニターに大きな文字が映し出された。

『マネージャーのもっとも重要な仕事とは何か？』

太字で表示された文字を、安藤が読み上げる。

「マネージャーにとって、もっとも重要な仕事とはなんだとお考えですか？　何名かの方に、お答えいただきます。では、そこの方」

安藤は、一番前に座っている女性社員を指した。

指定された彼女は、まさか自分が選ばれるとは思っていなかったのか、「うーん」と少し間を置いてから、ボソボソと答えた。

「そうですね、やっぱり、部下たちの仕事の進捗管理と、モチベーション管理じゃないですかね。あと業務内容の指導も。私もみんなが気持ちよく仕事に打ち込めるように、そのあたりには何よりも気を遣っています」

安藤は、女性社員の答えに軽く頷き、「では、あなたは？」と今度は藤川を指した。

藤川は、ゲッと明らかにめんどくさそうな顔をしたあと、気だるげに答える。

「そうっすねー、さっきの方の答えと同じように、モチベーション管理とかじゃないっすかねぇ？　やっぱり、みんなにちゃんと仕事してもらわないといけないし」

間延びした声で話す藤川。安藤はもう一度頷いて、口を開いた。

「お二方、ありがとうございます。ここで皆さんに、マネージャーという役職において、もっとも重要な考え方をお伝えします」

安藤はそう言いながら、もう一度手に持っていたリモコンのボタンを押す。

大きな太字で表示されたのは、

『理想の上司を捨てる。マネージャーは、会社の業績を上げるために存在する』

という仰々しい言葉だった。


「理想の上司を捨てる？」

それまで我関せずと決め込んでいた佐伯が、モニターに映し出された言葉を最後に疑問符をつけて繰り返した。

美優も驚いていた。あまりにも、オールウェイズ・アサイン社らしくない言葉だ。〝理想の上司を捨てる〟というのは、一体どういうことなのだろうか？

安藤は少し間を空けたのち、淡々と説明を始めた。

「皆さんの理想の上司とはなんですか？　部下に優しい上司？　いつも些細な点に気がつく上司？　それとも、落ち込んだ部下を励ます熱い上司でしょうか？

たしかに、これらの上司は一見、部下にとって大変ありがたい存在であるように感じられます。ドラマに出てくる、まるで親子のような、よきパートナーのような上司と部下の関係は、多くの人の憧れの対象です。

しかし、それは本当に、会社のためになる上司でしょうか？

答えはノーです。マネージャーとは、部下をしっかりと管理し、会社の業績を上げるためにいる存在です。逆に言えば、その目的を果たすための行動以外は、マネージャー本人の自己満足であり、無駄です」

安藤は躊躇なく「無駄」という言葉を使った。会議室に集められていたマネージャーたちの表情は、安藤が言葉を発するたびにこわばっていく。

「部下と過剰に仲よくしたり、愚痴を聞いてあげたり、不満を解消したりすることは、マネージャーの仕事ではありません。それが業務を進めていく上で本当に問題になっていることなのであれば、それを解決するのはマネージャーの仕事ですが、個々の社員が抱える不平不満のすべてに、マネージャーが対応する必要はまったくありません。

マネージャーは、あくまでチームや部下の未来に対してコミットすることが仕事です。それを、今日は覚えていただきたい」

きっぱりと言いきる安藤。

社員たちの脳裏には、自分が今までに行ってきた部下への対応が浮かび上がっていた。また、自分たちが若宮社長から受けてきた、思いやりのある対応も。

オールウェイズ・アサイン社のよさとは、穏やかで優しい人間関係が織りなす、アットホームで居心地のいい社風だったはずだ。それなのに、この突然現れた安藤という男は、今まで会社が、若宮が培ってきた関係性を根本的に覆そうとしているらしい。

マネージャー研修の参加者の誰もが、自社の組織崩壊への危機感を感じ始めていた。

「それじゃあ、安藤さん、部下たちのモチベーションが保てないじゃないですか。業績のためだけに動くような、そんなロボットみたいな上司についてくる部下が一体どこにいるんですか？」

会議室の隅から安藤の理論に異を唱えたのは、副社長の添田だった。

彼は、若宮と二人でこのオールウェイズ・アサイン社を立ち上げた創業メンバーで、若宮と同じく、誰よりもこの会社に尽くしてきた自負があった。そんな彼だからこそ、若宮が自分たちの反対を押しきって識学を導入したことに、腹が立っているらしい。

安藤は眼鏡の奥の両目を細め、添田の社員証を確認し、返答する。

「添田、さんですね。何か質問やご意見がある際は、まず挙手をお願いします」

「だから、それで誰がついてくるって言うんですか？　答えてください」

添田は安藤の注意にも応じようとせず、あからさまに苛立っている口調で重ねて尋ねる。

「先ほど申し上げたとおり、マネージャーは、部下のモチベーションを保つためにいるんじゃありません。会社の業績を上げるためにいるんです。

モチベーションを管理することよりも、会社全体の成長に貢献すること。そして、そのためにチームや部下を成長させることこそが、マネージャーの役割です」

安藤は、添田の言葉を真っ向から否定する。

「そうですか。それなら、僕はついていけない。オールウェイズ・アサインは、社員の幸せを守ることを第一にしてきたんだ。いきなりやってきたあんたに、それを壊させるわけにはいかない」

添田は苦虫を噛み潰したような顔をしてそう吐き捨て、そのまま足早に会議室を出ていった。

（添田さん……）

美優は添田の後ろ姿を見送り、泣きそうになった。以前は最高の職場だったオールウェイズ・

アサイン社が、このままではおかしなことになってしまう。

「それでは、続けますが……」

安藤は、添田が出ていったことにも顔色一つ変えず、そのまま話を進める。

しかし皆、退席した副社長のことが気になるのか、誰もがどこか落ち着かない様子だった。


そうして四十分ほど安藤の話が続き、一回目のマネージャー研修が終わった。

「皆さん、お疲れさまでした。それでは、明日も同じ時間に集まってください。今回話したことを忘れないように」

安藤の締めの言葉を聞くと、皆、心底疲れた顔をして次々に会議室を出ていく。

美優が最後に部屋を出ようとしたとき、藤川が声をかけてきた。

「西村さん、お疲れ。なんか、災難だったな」

呆れたように肩をすくめる藤川に、美優も歩きながら眉をハの字にした。

「ほんとだよね……これから、うちの会社どうなっちゃうんだろう？　このままじゃ、組織が崩壊してもおかしくないよ」

藤川に応じながらも、美優の心はどんどん重くなっていった。

「藤川くん、私……」

美優は小さな声で呟く。藤川は聞き取れなかったのか、首をかしげた。

「え、何？　なんか言った？」

聞き返す藤川に、美優は声を強めて返した。

「藤川くん、私、社長に話しに行ってくる!!」

突然、速足になった美優にびっくりして、藤川は呆気にとられる。

「話すったって、話してもどうせ意味ないだろ!?」

藤川は慌てて美優を止めようとするが、美優はもう問いかけに応じるつもりがないのか、振り返ることもなくあっという間に社長室のほうへ突進していった。

「ほんと、これからどうなるんだよぉ……」

藤川の弱々しい声が、誰もいない廊下にぽつんと落ちた。


数分後、美優は社長室のドアの前にいた。

軽くノックをし、返事も待たずに部屋へ突入する。

「社長！　識学ってなんなんですか!?　このままじゃ、みんな辞めちゃいますよ!?」

美優がすごい剣幕で入ってきたことで、何かの業務をこなしていた若宮は「わぁ!!」と驚いて、オフィスチェアから落ちそうになった。

「西村か？　一体、どうしたっていうんだよ？」恐る恐る聞き返す若宮。

美優は入室時の勢いのまままくし立てた。

「どしたもこうしたもないですよ！　あんな軍隊みたいな社員教育、我が社には合っていません！　副社長も随分怒ってしまって、途中で研修を出ていかれましたよ」

「ああ、添田か……あいつも、さっき西村とおんなじ顔して入ってきたよ」

どうやら添田も若宮に抗議しにきたらしく、若宮は美優に見せるように大きなため息をついた。

識学の導入を決めたはいいが、予想以上に多くの反感の声が上がっている。予想以上というより、今のところほぼ全社員からだ。

安藤は識学が会社の数字を引き上げてくれることを証明した。だから識学の導入を決めたのだが、社員にここまで反対されるとは、若宮は予想していなかった。

結果は出せなかったが不満は出ない、これまでの経営。

結果は出るが、不満だらけの識学。

自分は、どちらを信じればいいのだろうか？

＊　＊　＊

識学の一回目の研修が終わり、安藤は少なからず募る憂いとともに、彼のために用意されたデスクに戻っていた。

（オールウェイズ・アサイン社の方々には、識学が受け入れられていないことは明白か……）

先ほどのマネージャー研修の様子を見ても、散々なものだった。

研修の予定は以前から知らせていたにも関わらず、時間に遅れてくる社員があまりにも多かった。人の話を聞く態度も最悪としか言いようがない。

会議室もあまり掃除されていないのであろうが、モニターにホコリが溜まっていた。

そもそも、外部から入ってきたパートナーにあんな口振りで不満を垂れるなど、社会人としていかがなものだろうか？

安藤は、研修中に攻撃的な発言をしてきた藤川や佐伯の顔を思い出し、眉間にシワを寄せた。

オールウェイズ・アサイン社は、あの若宮社長が、副社長の添田とタッグを組んで立ち上げた会社だと聞いている。勢いだけでやってきたベンチャー企業では、社員たちの教育が疎かになっていることはよくある。この会社もそのようなパターンなのだろう。

しかし、社内がそのままでは、一定以上の成長は望めない。

安藤は、初めて対面したときの若宮の顔を思い浮かべた。

寝不足でクマのできた目、シワの寄ったスーツ、不摂生で荒れた肌。きっと日夜、社員たちのためにと気を遣ってきたのだろう。

彼のなかに、会社を変えたいというたしかな熱を感じる。安藤自身も、そんな熱い気持ちを持った社長の会社を、自社の最初のクライアントとして改革したいと思ったのだ。しかし。

「熱意だけでは、組織は動かせないんですよ、若宮さん……」

安藤はそう呟きながら、次の研修に向けての資料作りに集中した。

＊　＊　＊

社内に漂う不穏な空気がさらに濃くなったのは、初めての識学のマネージャー研修が終わって、数日が経ってからのことだった。

皆がいつものように出社し、デスクに向かっていたときだ。

最初の研修の日からずっと天気は崩れがちで、今日も朝から小雨模様である。

オフィス内では、わずかに熱気が立ち込めている。その熱気が煩わしくなったのか、誰かがエアコンをつけると、女性陣から「冷えるからやめてよ」と文句が飛ぶ。

そんなよくあるオフィス風景の片隅で、安藤は一人、フロアに備えつけられたシュレッダーの前で、にわかには信じられない光景に愕然としていた。その手には、切り刻まれた紙の束が握られている。

（これは、一体……）

安藤の手に握られていたのは、先日、安藤が二回目のマネージャー研修のためにと作った資料をプリントしたものだった。

それが、何者かによってシュレッダーにかけられ、悲惨な姿に変えられていたのだ。

それも一枚や二枚ではない。プリントし、束ねられた資料のすべてが、シュレッダーのなかでほかの書類と同じように紙クズへと変わっていた。

これだけの量の資料を勝手に処分するなど、社員の勘違いによって引き起こされたミスとは考えにくい。明らかに、誰かの悪意によって資料が切り刻まれている。

「まったく……」

安藤は誰にも聞こえないように低い声でそう言うと、もはや紙切れとなってしまった資料をゴミ箱に放り込んだ。あまりに幼稚な嫌がらせに頭を抱えたくなったが、ここで落ち込んだり、焦ったりする姿を見せれば、どこかでこちらの姿をうかがっているであろう「犯人」の思うつぼだろう。とにかく、今は平静でいようと心がけた。

（何かしらトラブルは起こると予想していたが、まさか、こんなことをされるとはね……）

安藤は気を取り直して、もう一度資料のデータをプリントアウトし、数枚をまとめて丁寧にホチキスで止める作業をし直すことにした。

感情のない機械のようにその業務をこなす姿は、明るいオールウェイズ・アサイン社のオフィスで、どこか異質の存在感を放っていた。

そんな安藤へと、密かに向けられる冷たい視線に、彼はまだ気がついていなかった。

【解説】——部下のモチベーション管理は上司の仕事ではない

会社という組織のなかでは、社長と同じく、上司も必要以上に「いい人」になるのをやめなくてはなりません。

上司が部下の管理をすることから逃げ、上下関係のない友達のような上司になろうとすると、実は上司にとっては心理的な負担が少なくなり、ラクに感じられます。本来の上司としての仕事から逃避しているのですから当然です。

部下のモチベーションを維持するという名目で、部下の要求に可能な限り応え、問題があれば自分が盾になって守ってやり、数字の未達も容認する。それは上司にとってはラクな対応ですが、部下が「自分と上司は友達のような立場だ」という錯覚を抱きやすい対応でもあります。

そのような関係が部下との間にいったんできてしまうと、上司の指示が部下にしっかり浸透しなくなり、組織は弱くなる一方です。部下が上司の指示に反抗するようなことも増えますし、場合によっては直属の上司を飛び越えて、社長や他部署の上司・先輩などに直談判するようなことも増えてきます。当然、市場での競争力は落ちていきます。

さらに言えば、いったん組織がそうした状態になってしまうと、本来組織にあるべき指揮系統を復活させようとするときに、非常に大きな反発を受けるようにもなります。部下はもちろん、上司もこれまでのラクな働き方を変えるのに抵抗することがよくあります。

いずれにせよ、上司や管理者が本来すべきことは、部下よりも一段高い視点に立って、それぞれの部下が今何をするべきか、また、どれくらいの数字を目標にするべきかをきっちり指示し、その目標を達成できているかどうかを適宜管理することです。部下に多少煙たい表情をされようとも、進捗について定期的に報告させる場を設け、チェックを怠ってはなりません。

もしその確認で何か問題が生じているのが判明したなら、感情的に怒るのではなく、では、どうすれば目標達成できるのか部下に考えさせ、部下だけでは難しいようなら必要な助言を与えることです。

このとき、部下が「その業務ではモチベーションが上がりません」などと言ってきても、それは取り合ってはいけません。与えられた業務を実行するのが部下の責任であり、その業務を実行するためのモチベーションは上司が維持するのではなく、部下が自分でコントロールし、維持するべきものだからです。

部下を赤ちゃんのように甘やかして、モチベーションの維持まで上司が世話してあげていては、部下は本当の意味で実力を身につけることもできません。本末転倒にならないよう、十分に気をつけてください。

4 難局

夏真っ盛りの八月。

オールウェイズ・アサイン社のオフィスでは、クールビズへの取り組みのため、いつもはスーツを着込んでいる社員たちもネクタイを外し、シャツの腕をまくるなど、比較的ラフな装いで業務に向かっていた。

女性陣も、長い髪をお団子にしたり、なかには「夏になると邪魔だから」とショートカットにばっさり切った者もいるらしい。皆、思い思いに夏の暑さを乗り越えようと意気込んでいた。

そんななか、第二会議室ではエアコンが強目に設定され、室内の空気がオフィスのどこよりも冷やされていた。スモーキーブラウンの長方形のテーブルを囲むのは、各部署のマネージャーたちだ。

カツン、カツン、カツン
三十人近い大人が詰め込まれた室内に、プラスチックが何かに衝突する乾いた音だけが小さく響く。音の出どころは、眉間にシワを寄せた副社長の添田が、無意識にかリズムを刻むようにテーブルに打ちつけているボールペンだ。

カツン、カツン、カツン

すでにマネージャーが全員集まってから約五分。誰が話すわけでもなく、静かな会議室内で一定の間隔で続くボールペンの音は、それだけでも耳触りだ。というのに、明らかに不機嫌そうな添田の表情が、その小さな音をより不穏なものへと変えていた。

普段は感情をあまり表に出さない副社長が放つ、今にもテーブルをひっくり返すのではないかという黒いオーラに当てられて、彼の斜め前に座っている女性マネージャーなどは怯えた子ウサギのように首をすくめている。

そうした周囲の様子にもお構いなしで、添田はボールペンをテーブルに打ちつけ続ける。怯えたマネージャーたちの様子にも、内心の怒りでまったく気がついていない。

（若宮のやつ、識学について会議を行うって……）

この日、社内のマネージャー相当の人員全員が集められたきっかけは、「識学についての話を進めよう」という若宮からの連絡だった。

（会議と言ったって、識学を取りやめる気なんてないだろうが……）

添田が憮然とした表情でボールペンをテーブルに打ちつける音が、いよいよ大きくなり始めたところで、ガチャリと音を立てて会議室のドアが開いた。

皆の視線を集めながら会議室に入ってきたのは、まさに彼らが待っていた社長の若宮。そして、その若宮に付き従うように安藤の姿もあった。

「みんな、おはよう！　急に集めてごめんな。それと、遅れてごめんなさい」

ハハハと笑いながらおどけて入ってきた若宮のおかげで、室内に漂っていた冷房によるものとは違う冷たい空気も一瞬緩んだ。

しかし皆の安堵とは逆に、添田は若宮の軽い調子の挨拶にさらに苛立ったのか、若宮の顔を鷹のような鋭い目つきで睨みつける。それにより、いったん緩んだ空気も一目散に逃げていく。安藤は会議室に舞い戻った冷たい空気を特に気にした様子もなく、皆に向けて軽く頭を下げた。

「……それじゃあ、始めようか」

マネージャーたちの気まずそうな雰囲気を感じ取りながらも、若宮はそれには何も反応せず、すぐに本題に入った。

「みんなと今日話したいのは、昨日連絡した通り、識学についてなんだ。この一ヶ月、ここにいるマネージャーのみんなには識学の研修を受けてもらったんだけど、どうだっただろう？」

「識学」。その言葉を聞いて、全員がゴクリと唾を飲み込んだ。

それは、今まさに会社全体を巻き込んでいる嵐の中心点にある言葉だ。

先月から始められた識学のマネージャー研修は、すでに開始から一ヶ月が経過しようとしている。いまだ識学の導入に関しては反対の意見が多いが、前回の緊急会議のころとは少し様子が変わってきたところもあった。

以前のように識学に対して反発する者ももちろんいるのだが、なかには識学の考え方や組織改革のノウハウに対して、好印象を抱くようになったマネージャーも出てきていた。

特に経理部や総務部といった、他部署よりも業務に神経を遣うものの、普段は裏方に回ることが多い部署では、安藤が語る「ルールが統一され、一定の基準で成果を平等に評価される」という考え方を支持する傾向が強かった。

添田は、社内のそうした変化を敏感に感じ取っているからこそ、余計に腹を立てているというわけだ。

その一方で、今まで熱意とプライドで契約を勝ち取ってきた各営業課では、やる気や頑張りといったプロセスを重視しない識学の発想が気に食わないらしく、依然としてマネージャーの大半が反対派だ。

各営業課では日ごろから上下関係が厳しく、団結力も強いために、マネージャーである上司が反対するのであれば部下たちもその意見に賛同するだろうと若宮は懸念していた。

(意見が割れてはいるが、識学に対して肯定的な意見を持つマネージャーも、増えてきているのはたしかだよな……）

若宮は今いる識学肯定派に一縷の希望を抱いていた。彼らの賛同を得て、識学をマネージャーのみの研修に留めておくのはもったいないと、全社員向けの研修に発展させる。――そういうふうに提案すれば、ある程度は受け入れられると考えていた。

しかし、若宮がいざ実際にそうした提案を行うと、反対派のマネージャーたちからの大ブーイングを食らう結果となった。

「みんな、反対する気持ちもわかるが、今までマネージャーのみんなに受けてもらった研修を、一度、全社員を対象にして実施しようと思っているんだ。試験的でもいい。それで、社員たちの反応が見たい」

若宮が放った言葉で、一瞬にして会議室がピリついた空気に覆われた。

「識学を全社研修に、ですか？　それは反対です。このマネージャーだけのミーティングでも意見が分かれているのに、いきなりの全社研修は無謀すぎますよ」

一番に反対の声を上げたのは、営業部長の佐伯だった。

彼は副社長の添田に続く、強硬な識学反対派の一人だ。執行役員でもある彼の意見には、普段なら耳を貸さないわけにはいかないが、今回に限っては若宮は折れなかった。

「あくまで実験だよ。これだけマネージャーたちの意見が分かれるのなら、いっそ社員全員に識学の効果を判断してもらえばいいじゃないか？　多数決とまではいかないが、会社全体によい影響が出るのなら続ければいい。そうでなければやめればいい。そうですよね？　安藤さん」

若宮が隣に座っている安藤に聞くと、安藤も深く頷いた。

「識学は、実際に業務で使っていただかない限りはただの理論にすぎず、意味を成しません。まずは一度、試用するのも手ではないでしょうか」

静かに発言する安藤に、識学肯定派のマネージャーたちはお互いに軽く目配せをして、周りの参加者の反応を読み取ろうとする。若宮や安藤の提案に頷きたいと思っているものの、添田と佐伯の手前、あまり態度には表しにくいのだろう。

「それでは、まるで社員たちを実験台にするようじゃないですか？　社員は家族ですよ？　若宮社長自身も、以前はそうおっしゃっていましたよね」

そう言ったのは添田だった。クールな印象の彼は、冷徹な眼光で若宮を射抜く。

「家族だからこそ、生の意見を聞かないといけない、と言いたいんだ！　実験台だなんて、そんな言い方をしないでくれ!!」

若宮も負けじと言い返すが、添田の表情は変わらない。二人の関係に深刻な亀裂が生じているのは、その場の誰が見ても明らかだった。

「とにかく一度、定期的な全社研修をスタートさせてくれ。うちにはもう、時間がないんだ」

若宮はそう言いきったものの、すぐに自分の放った言葉の重さに気づいて、焦る。

(しまった、まだ財前との件は、安藤さん以外には話していないんだった……!!)

勢い余って口を滑らせた若宮は、自分の最後の発言に疑念を抱く者がいないことを願ったが、頭の切れる添田がその言葉を聞き逃すはずもなく、

「時間がないって、どういうことですか?」

と、見事に聞き返されてしまった。

添田が若宮を見据える視線は、先ほどよりさらに鋭くなっている。真正面に構えたら、眼力だけでも怪我をしそうなその視線に、若宮は少なからず怯んだ。

「いや……みんなを不安にさせないように、まだ黙っておこうと思ってたんだが……」

恐る恐る、といった様子で、若宮は財前との間で交えた一悶着について話しだした。

「待ってください、それで本当に融資が受けられなくなったら、会社はどうなるんですか?」

若宮の話を聞いて、不安そうに尋ねてきたのは第二営業課長の山岸だった。若宮は申し訳ない気持ちになりながらも、言葉を選んで正直に答える。

「それは……今のうちの会社の状況を考えると、融資が受けられない限りは資金繰りが難しくなるだろうな。会社の存続自体が難しい状況になる可能性もある……」

若宮の言葉に、彼女は目を見開く。

「それって会社が、オールウェイズ・アサイン社がなくなるかもしれないってことですよね⁉」

悲鳴にも似た声を上げ、どうしよう、と泣きだしそうになる彼女を見て、若宮は慌てた。

「いや！　まだ会社がなくなると決まったわけじゃないんだ‼　可能性があるってだけの話で‼

仮にそうなったとしても、みんなの生活は守れるように、俺がどうにか手を尽くすから」

早口で説明する若宮の両手には、大量の汗が滲んでいた。

しかし、若宮の必死のフォローにも、その場にいたマネージャーの多くが困惑の表情を隠しきれずにいる。

「社長、なんでそれをもっと早く言ってくれないんですか⁉　社員全員じゃなくても、マネージャーだけとか、少なくとも役員の私たちにくらいは話してくれたって」

口もとを震わせながら言う佐伯。その目には若宮に対する不信感が宿っていた。

「話すって言っても……」

お前らに何ができるって言うんだよ。

危うく零しそうになった言葉を、若宮は飲み込んだ。

（俺、何言いそうになってるんだよ。会社が傾いてるのは、社長である俺の責任じゃないかよ。

それなのに……）

会社の業績悪化の責任を、社員になすりつけようとする発想が自分の頭のどこかに存在していると気がついて、激しい自己嫌悪が若宮を襲う。

「みんな、すまん。本当に、すまん」

謝ることしかできない若宮にマネージャーたちが困惑した視線を向けるなか、若宮に助け舟を出したのは、この場ではもっとも発言しにくいであろう安藤だった。

「皆さん、会社の状況が悪いのは今に始まったことではないんです。会社というものは、じわじわと時間をかけて傾いていくものです。その原因は、社長である若宮さんにはもちろん、社員である皆さんにもある。いや、誰かが悪いと言うより、会社自体の仕組みが悪かったのです。識学は、その仕組み自体を変えていくものです」

そう言いながら、安藤はマネージャーたち一人ひとりを見回す。誰もその言葉に言い返すことができず、しばしの静寂が訪れる。安藤が話を続ける。

「識学を、全社に導入させてください。会社が窮地に追いやられている状況で、今までと同じ対応をしていたのでは変化はありません。時間がない今だからこそ、改革が必要なのです」

皆が沈黙するなかで、安藤の言葉だけが会議室に響いた。

安藤はそれだけ言うと、「それでは失礼します」とそのまま会議室を出ていった。

誰もが顔を見合わせていると、「そういうわけだから、みんなよろしく頼むよ」

と力なく言った若宮も、安藤に続いて部屋をあとにした。

オールウェイズ・アサイン社始まって以来の嵐は収まるどころか、さらに大きくなるだろうと、会議に参加した誰もが予感していた。

＊　＊　＊

嵐の全マネージャー会議が終わって数日、いよいよ識学の全社研修が始まった。

識学の基礎について、安藤が約一時間の講義を週に二回のペースで行う。

業務に支障が出ないよう、一度に全員を集めるではなく、各部署からすでに研修を受けているマネージャーを除いて数名ずつが集められ、順番に研修を受ける体制が作られた。

社員は基本的に強制参加で、遅刻は厳禁。普段から緩んだ空気のオールウェイズ・アサイン社で、あえて緊張感のある研修を実施することが安藤の狙いらしい。

「それでは、本日の研修はこれで終わりです。皆さん、後日アンケートをかならず提出するようにしてください」

一回目の全社研修が終了し、第二会議室に安藤の声が響く。

「ふぅ、疲れたぁ」

安藤が会議室を出ていくと、そこかしこでそんな声が聞こえてきた。

多くの社員にとっては、入社以来の大々的な研修だ。緊張も相まって、疲労感があるらしい。

「アンケート、めんどくさいなぁ」

「識学に対してどんな印象ですか？　だってさ。どうもこうも、厳しすぎるよなぁ」

アンケートは研修前に用紙を渡され、講義を受けたあとに識学についての感想や評価を答えるように指示されていた。率直に回答できるよう、匿名で記入することになっている。

このアンケートへの回答を参考に、今後の識学の研修を進めていこうというのが、若宮と安藤が決めた方針なのだ。

「俺は識学には反対だよ。だって、厳しいし、めんどくさいじゃん。なんか宗教っぽいし？」

「だよなぁ。仕事なんて適当にやって、給料さえもらえればあとはどうでもいいし、サボっていることさえバレなければ、みんな優しいしさ」

若い男性社員が集まって口々に言い合うが、その場にいる同僚の女性社員が、ムッとした顔で言い返した。

「私は識学、悪くないと思うけどな。真面目にやっている人が、ちゃんと評価される方式なんでしょ？　それって、理想じゃない？」

「そうなんだけどさぁ、かったるいじゃん？　そういうの。うちの会社は、そういうんじゃないっていうかさ」

双方ともに自論を譲らない空気を察して、近くにいた数人が「まぁまぁ」と間に入って二人を止めた。

「まあ、アンケートには自分の素直な意見を書いたらいいじゃん。どうせ、決めるのは社長なんだからさ」

誰かのそんな一言でその場が収まったところで、第二会議室のドアがバタリと開いた。

入ってきたのは、佐伯だ。

「研修が終わったら、みんな速やかに業務に戻るように！　仕事サボるんじゃないぞ！」

ハリのある声でそう言う。どうやら部下たちの様子を見にきたらしい。

「げっ、佐伯さんじゃん……」

さっきまで女性社員と言い争いをしていた男性社員が、佐伯の顔を見て、苦虫を噛み潰したような表情で呟いた。

「え？　何、嫌いなの？」

言い争いの相手の女性社員がそう聞くと、彼は佐伯には決して聞こえないよう、小さな声で返答する。

「いや、嫌い、とかじゃないんだけどさ。あの人、最近ピリついてるんだよね。仕事とか家庭がうまくいってないいって噂でさ。それで、機嫌を損ねると理不尽に怒られるんだってよ。八つ当りすんなっての」

「え、それ最悪じゃん。あの人、前はそんな印象なかったんだけどなぁ」

ヒソヒソとそんな会話がされている間にも、佐伯の声を聞いて、会議室にいた多くの社員がそそくさと手荷物をまとめ、出ていく準備をする。皆、最近の佐伯の横暴ともとれる態度については見聞きしているらしく、深くは関わりたくないのだろう。

そんな社員たちからの評判も知らず、佐伯は会議室を見回すと、室内に最後まで残っていた男性社員の一人に声をかけた。

「おい、研修はどうだった？　安藤さんとか」

急に佐伯に声をかけられた男性社員は顔を真っ青にするが、佐伯自身は彼のその様子に気がついていない。

「い、いや、よくわからなかったっす。自分には難しい、というか」

焦って答えながら、彼は目の前にいる上司の顔色をうかがった。

(なんで急に佐伯さんが声かけてくるんだよ!?　今の答えで合ってるのか!?)

男性社員は、次に何を言われるかと内心冷や汗を垂らすが、佐伯は、

「そうか、うん、そうだよな。わけがわからないよな」

と満足そうな顔をして、そのまま立ち去っていった。

「な、なんだったんだろう……？」

わけがわからないのはアンタのほうだよ、とツッコミたいのをこらえて、佐伯に声をかけられた男性社員もその場をあとにする。

誰もいなくなった会議室はしんと静まり返って、ホワイトボードに書かれた「識学」の文字だけが取り残されていた。

＊　＊　＊

一回目の識学全社研修の終了後、若宮は社長室で安藤がまとめたアンケート結果を見ていた。

「うーん、やっぱり反対派が多いかぁ」

集計結果の数字を見て、ため息をついた。

全社員のうち研修を受けたのは、マネージャー研修への参加者を含めればすでに約一〇〇名。そのうちの大半は、識学に対してあまりよい印象を抱いていないらしい。

（しかし、二割ほどは肯定派もいるから、これから研修の回数を重ねていきながら経過を見るし

かないよな）

結局、マネージャーたちの識学に対する評価と、他の一般社員たちの評価では、肯定派と否定派の割合に変わりはなさそうだ。

「あー、識学、ほんとにうまくいくのかね……」

若宮は腕時計をつけた片腕をしきりにさすりながら、小さな声で不安を漏らす。

チラリと目を向けた窓の外は、猛暑の熱気で景色がかすかにゆらゆらと揺れて、室内から見るだけでも息苦しくなりそうだった。しかし、エアコンが効いて涼しいはずの室内にいても、心のざわつきはやまない。若宮はもう一度、大きなため息をついた。

＊　＊　＊

そのころ、安藤はというと、その日に予定していた講義を終えて、いつものようにデスクで何やら作業をこなしていた。

カチャカチャと規則正しく鳴り続けるタイピング音に、表情の乏しい安藤の様子が相まって、どこか機械じみた雰囲気を醸し出す。彼に話しかける社員は、誰一人としていなかった。

そんな安藤の手もとには、数十枚もの紙の束があった。先日の研修が終わったあとに回収したアンケートだ。

回収後にすべて集計し、若宮にデータとして送ったが、若宮に送られているデータと安藤の持っている書類には一つだけ違いがあった。若宮に送ったデータでは、アンケートの一番最後にあった自由記述項目の内容を削っていたのだ。

自由記述欄は、識学についての素直な意見を書いてもらおうという意図で設けたものだったが、実際に書かれた意見のなかには、「素直」という言葉の解釈を間違えた酷いものも含まれていた。

安藤を名指しした誹謗中傷のような意見もあり、匿名でのアンケートだからと、記入者の悪意がストレートに表出されていた。

そうした記述を目にした安藤は、記入者のあまりの姑息さに驚いたものの、若宮にはそうした記述についてはあえて報告しなかったのだ。

(今の若宮さんは、非常に不安定な精神状況にある。これまで信じてきた社員のこんな醜態を知れば、またひどく思い悩むことになるのは明白だ)

そう思いながら、安藤は集計が終わったアンケート用紙をシュレッダーに持っていく。

オフィスに置かれたシュレッダーは、その機能を存分に発揮し、安藤の手のなかにある悪意をまたたく間に吸い込み、切り刻んでいった。

（それにしても、最近はまた何かと嫌がらせが増えてきたな）

シュレッダーに飲み込まれていく紙の束を見ながら、安藤は最近の出来事を思い出していた。

識学のマネージャー研修に使う予定の資料が切り刻まれた事件以降、実は、絶えず同様の陰湿な行為が続いていた。

整理していた書類がぐちゃぐちゃに荒らされていたり、安藤の私物のボールペンが何者かによってゴミ箱に捨てられているなど、証拠が残らず、もしバレても言い訳が効くようなことばかりが起きるので、安藤もだんだんとうんざりし始めていた。

（誰がやっているのかは、おおかた見当がつくが……）

以前から識学に対して強く反発しているのは、副社長である添田と、執行役員の佐伯。

あの二人自らがこんな嫌がらせに及ぶとは考えにくいが、彼らの部下ならありえる。

佐伯は社内での評判があまりよくないらしいが、添田は創業メンバーということで一定の信頼がある。また、仕事ができ面倒見がよい彼を慕う部下も少なくない。恐らくは、そのなかの数名が……。

（が、今は犯人探しをしている場合ではないな）

こんな嫌がらせが平気で横行している時点で、この会社の先行きは危ういのだ。

まずは識学をしっかりと浸透させ、よい組織に変えていくことこそが安藤の仕事だ。

（とにかく、今は全社研修に集中しよう）

心の内にそんな熱い気持ちを抱いて、安藤はもう一度デスクへと向かい直した。

＊　＊　＊

「識学なんて、まやかしじゃないですか。添田さんも、社長になんとか言ってくださいよ」

その日、副社長である添田のデスクには、五〜六人の社員たちが集まって、識学に対する抗議をしていた。

安藤の全社研修が進むにつれ、彼らの不満は高まっていた。

「無用な理想を捨て、会社の業績を上げることに集中する」という識学の考え方は、そもそもオールウェイズ・アサイン社には合わないのだと、皆、口を揃えて主張していた。

反対派の社員のなかには、社長に直談判する者もちらほら見られた。社長の若宮も、そうした社員たちの声を聞いてその都度悩むものの、

「もう少し経過を見てみよう。きっと、識学はうちの力になってくれるはずだ」

と言うばかりで、いっこうに識学の導入をやめようとはしない。

「社長がだめなら、副社長に相談しよう」ということで、こうして添田のもとに集まる者があと

を絶たないのだ。

「いいから、落ち着きなさい。俺だって不満に思っていないわけじゃないんだ」

添田は眉間にシワを寄せながら、応じる。

「じゃあ、添田さんからも社長に言ってくださいよ！　俺たちじゃ、社長に意見を聞いてもらえないんです！」

怒っているような、悲しいような表情をする社員たちに懇願されて、添田の眉間のシワはより一層深くなった。

最初のマネージャー研修のあと、添田は社長にたしかに抗議しに行っていた。

しかし副社長の添田の意見でさえ、やはり検討材料となるだけで、若宮の意思を覆す決定的な抗議とはならなかった。

それだけ若宮の意思が固いということではあるものの、やはり急に導入された識学に対して、添田はまったくいい印象を抱いていなかった。

現に添田は、あの日以来、一度も識学の研修に顔を出していない。

「そもそも、あの識学って会社、まだ設立したばかりだって聞きましたよ」

集まった反対派社員の一人が投げかけた言葉で、その場がどよめいた。

「え、何それ？　本当か？」

「うん、うちの会社が初めての取引先だって」

「じゃあ、あの組織経営論？　も、まったく信憑性がないじゃないか。添田さんは、そのこと知ってたんですか？」

騒ぐ部下から急に投げかけられた質問に、添田は曖昧に頷いた。

そのことを添田自身は知っていた。しかし、いきなり導入された識学に、特に実績はないのだと社内に知れ渡れば、社員たちの不満が爆発するかもしれない。そう思って、公に言うことはしなかったのだ。添田の懸念は的中したようで、社員たちは明らかに不安げな顔をした。

「このままオルインが変わっちゃうんじゃ、俺、ついて行く自信、ないかも……」

誰かがポツリと呟いた言葉が、たしかな重みとなって、その場の全員の心にのしかかった。


添田はその言葉を聞いて、創業当初の若宮を思い出す。

「俺は、社員第一で会社をやっていきたいんだ。この東京で、家族みたいなあたたかい会社を築きたい」

どこか遠くを見つめるような目をしながら、かつての若宮はそう言っていた。

オールウェイズ・アサイン社をともに立ち上げたのは、若宮の持つその誠実さや愛情深さが、添田の心を打ったからだった。

「お前は、昔からそういうやつだよな」

創業を決めたあの日、添田は若宮と笑い合ってそう言った。そうして、東京でもっとも社員を幸せにできる会社を目指して、ここまでやってきたはずだ。

しかし、今の若宮は変わってしまった。あの識学とやらに傾倒したことで。

オールウェイズ・アサイン社の業績が悪化していることは、添田もたしかに把握していた。にも関わらず、追い詰められていた若宮の助けになれなかったのは、副社長の自分にも責任があるだろう。

それに加えて、あのいつもヘラヘラしている東京すばる銀行の財前。あんな男に、会社に対してどうこう言われるのに腹が立った気持ちもわかる。

(でも、だからと言って、あんな信用できない経営コンサルに頼ることはないだろう……)

添田にとって、若宮と歩んできた道はそうラクなものではなかった。今までも、会社のピンチやトラブルは何度もあり、それでもどうにか力を合わせて切り拓いてきた道だ。

それなのに、今回はどうして自分を頼ってくれなかったのだろう？　自分では、力不足だったのだろうか？

そんな怒りとも悔しさとも判然としない感情が、添田のなかで渦巻いていた。

(このままでは、業績の改善はおろか、社員たちまで離れて行きかねない状況だぞ。若宮、おまえ、一体どうするつもりなんだよ？）

添田は奥歯を噛み締め、拳を固く握る。

そんな彼の変化に気がついたのか、先ほどまで騒いでいた社員たちが、心配そうに添田の顔を覗き込んできた。

「副社長？　どうしたんですか？」

普段、感情をあまり表に出さない添田が暗い顔をしていることに驚いたのだろう。

「大丈夫だよ。みんな、話はそれくらいにして、そろそろ仕事に戻りなさい。若宮には、俺から話しておくからな」

そう力なく言う添田に対して、部下たちは心配を拭いきれない様子だったが、程なくして静かに解散して行った。

添田は先ほどよりももっと強く、握った拳に力を入れる。

そして、大きなため息をついたあと、無表情で仕事に戻った。

どんなに嫌な思いをしたとしても、日々の業務は続く。

会社が傾いているとわかった以上は、落ち込んで手を休めている暇などないのだ。

（今は頭を空っぽにして、とにかく目の前のことに集中しよう）

そう言い聞かせて、添田は珍しく荒ぶっている自らの感情を鎮めようとしていた。

＊　＊　＊
「添田さん、お疲れさまです。お先、失礼します」

すっかり集中しきっていた添田を我に返らせたのは、挨拶をしにきた部下だった。

その日は一日、心ここにあらずというふうに仕事をこなしていた添田を心配していたのだろう。

気を遣って、声をかけにきてくれたのだ。

「おお、おつかれ。気をつけてな」

添田はハッとして、手もとのスマートフォンで時刻を確認すると、もう午後八時を過ぎようとしている。いくら日が長い夏といっても、すでに外は真っ暗だ。

「添田さん、今日なんかありましたか？　すごく疲れていません？」

部下が心配そうな顔で首をかしげている。そんなに疲労感が滲み出ているのだろうか？

添田は、「大丈夫だよ」と言いながら部下に軽く手を振った。

「無理しないでくださいね」

これ以上、詮索しても仕方がないと思ったのか、そう言い残して部下はオフィスを出ていった。

フロアにはもうほとんど人がいなくなっており、静かなオフィスで時計の秒針が動く音だけがやけに大きく聞こえた。

（はぁ、今日は疲れたな）

部下の背中を見送って、一息つくと、思ったよりも自分の体に疲労が溜まっていたことに気がつく。それに、長時間に渡って集中していたせいか喉もカラカラだ。

「コーヒーでも飲んで、俺もそろそろ帰るかな」

そう呟きながらフロアの入口付近に置かれたコーヒーマシンまで移動したときに、添田はふと気がついた。もうほとんど人がいないはずのオフィスのどこからか、小さな話し声が聞こえてくるのだ。

耳をすますと、どうやら声は隣の部屋からパーテーション越しに聞こえてくるらしい。

「……あんなやつ……いいから……っ」

「……早く…」

声はよく聞き取れないが、数名が集まって話しているようだ。

（隣の部屋は営業部のやつらが使っているはずだが、こんな時間に、まだ誰か残っているのか？）

いくら忙しいと言えど、繁忙期でもないこの時期に好き好んでこんな時間まで残っている社員は少ない。不思議に思った添田は、首をかしげながら、隣室のドアを開く。

部屋のなかを見回すと、端のほうのデスクで、何やら男性社員三人が集まっているのが見えた。

しかも、よく見れば自分が仕事でも特に世話を焼いている顔ぶれではないか。

添田は目を凝らして見るが、多少距離があり彼らが何をしているのかはよく見えない。どうやら、彼らもまだ添田の存在には気がついていないらしい。

（あそこの席は、たしかあの安藤とかいうコンサルの席だよな。あいつら、何してるんだ？）

不穏な空気を感じ、思わず息を凝らして近づいた添田は、近づくにつれてはっきりと見えてきた光景に思わず怒鳴り声を上げた。

「おい‼　お前ら、何してんだ⁉︎」

急に鼓膜を襲った添田の怒号に、三人組はびっくりしたのか、うち一人は腰を抜かして尻もちまでついている。そして、その場で立ったまま固まった二人の手に持たれていたのは、ビリビリに破かれた書類の束だった。

「ひぃっ‼　添田さん⁉︎　ごめんなさぃ‼!」

明らかに怪しい行動をとる部下たちに対し、鬼のような形相で向かっていく添田がよほど恐ろしかったのか、部下たちは半泣きになって頭を下げた。

「謝るんじゃなくて、何やってんだって聞いてるんだよっ‼　それ、安藤さんの机だろ‼　なんで、お前らがその机の書類を破ってるんだ！」

勢いが止まらず、怒りを顕にする添田に言葉が出ないのか、三人の喉からほぼ同時に唾を飲み込む音がする。この上司がこんなに怒っている姿を見るのは初めてだ。自分たちがどんなに大きなミスをしようと、ここまで感情的になったことはない。あまりの迫力に、三人のうちの誰も、声を出すことすらできなかった。

「答えろ」

それでも、短く、有無を言わせぬ口調で問いただす添田に、先ほどまで腰を抜かして尻もちをついていた部下が震えながら立ち上がり、

「安藤のやつを、どうにか追い出したくて……」

と呻くような声で答えた。

「追い出す？　そのために、こんなことをしたのか!?」

ますます怒る添田に、三人は再びビクリと身体を震わせた。

普段から道理の通らないことを嫌う生真面目なこの上司の、触れてはいけない逆鱗に触れてしまったのだと、彼らが理解した瞬間だった。

「いや、だって！　添田さんが！　添田さんも、安藤のことは目障りだって言ってたじゃないですか!!?」

とっさに出た部下の本音を耳にして、添田は目を剥いた。

「俺が目障りだと言ったから、追い出すために安藤さんの書類を荒らしてたって言いたいのか？　いい大人が、揃いも揃って何考えてるんだよ‼」

やっと威勢が出てきた部下たちは、明らかな正論をぶつけられて再び縮こまる。どちらの意見が正しいかなんて、最初からわかりきっていることだ。

添田は怒りで、握りしめた拳に力を入れた。その怒りは、部下たちへのものだけではない。自分への怒りもあった。

（俺がこいつらを不安にさせたせいで、こいつらが、こんな馬鹿な真似をするようになっちまったのか……。いや、そもそもこんな行動に出ないように、ちゃんと教育しておくのが俺の仕事のはずだろ！）

鈍器で頭を殴られたようなショックが添田を襲う。もちろん、部下たちの行動は本人自身に責任がある。しかし、その行動の動機の一端が、自分自身の言動であったという事実に、添田という男は耐えられなかった。

わなわなと震える唇に必死に力を込めて、

「とにかく、その荒した机は片づけて、破った書類は明日持ってこい。安藤さんに謝罪をしに行くぞ」とゆっくりと言う。

添田の怒りに完全に打ちのめされた部下たちは、うつむいたままコクリと頷いて、先ほど自分たちが荒したデスクの上を少しずつ片づけ始めた。


「こういうの、初めてじゃないのか？」

「え？」

添田の問いが聞き取れなかったのか、思わず聞き返す部下に睨みが飛んでくる。

「こういう嫌がらせみたいなことだよ。安藤さんに今までもやってきたのかって聞いてる」

張りを失い、重く低く響く添田の声が、先刻浴びせられた怒号よりもずっと恐ろしく部下たちの耳に届く。

「はい、何度か……」

「ほかには何をした？」

「いえ、あの、安藤さんの私物をゴミ箱に入れたり、その、今日みたいに書類をわざと破ったり」

自分が大事に育ててきたはずの部下たちの、幼稚で姑息な行為を知り、添田は心臓が縮むような痛みに苛まれた。

「そうか。……それも含めて、明日は朝一番に安藤さんに謝りに行くからな。八時までには出社しろ。遅れてきたら、俺は、お前らのことを一生許さない」

もう睨むこともなく、無表情で淡々と伝えた添田は、「とにかく、今日は早く帰るように」とだけ付け加えて、部屋をあとにした。

その場にいた三人は、尊敬してやまない添田を怒らせてしまった罪悪感と、間違った正義感によって自分たちが犯した罪に苛まれて、うなだれた肩を上げられないでいる。

窓にかかったブラインドの隙間からは、ただただ眩しいだけのビル群がこちらを覗くように瞬いていた。どこかで車のクラクションがけたたましく鳴っている。五反田の夜はまだ長い。

＊　＊　＊

明くる日の午前八時。

安藤は研修の準備のため、いつもより少し早めにオフィスに到着していた。

オールウェイズ・アサイン社は始業時間にはそれほど厳しくないため、九時〜十時の間に出社し、各自業務さえきちんとこなしていれば、都合次第で早めの退勤も可能だ。

というのも、社長の若宮自身が朝に弱いタイプであるために、会社自体も比較的時間に自由な、悪く言えばルーズな社風が染みついている、というわけだ。

安藤はその点にもあまりよい印象を抱いてはおらず、改革の余地があると感じていた。だからこそ、自分が誰よりも早く出社することで、会社に新しい文化を持ち込もうと考えているのだ。

しかしその日は、誰もいないであろうフロアのドアを開くと、今まさに自分が向かおうとしているデスクの前に四人の男性社員が立っているのが見えた。

（今日は若宮さんからも、早く出社するようにといった指示は出ていないはず……）

そう考えながらそのままデスクに向かうと、四人のうちの一人が、先日から識学や安藤に対して猛反発をしている副社長の添田だということが見て取れた。四人とも、何か深刻そうな顔で話し込んでいるように見える。

「添田さん、おはようございます。何か、ございましたか？」

安藤が挨拶をすると、添田はやっと気がついたのか、安藤に向かってその場で勢いよく頭を下げた。

「安藤さん、申し訳ない!!」

腰を痛めてしまうんじゃないかと思われるほどに、急に頭を低く下げられた安藤は、驚いて目を白黒させる。

「えっ!?　急にどうしたんですか？」

オールウェイズ・アサイン社をいかにして改革するか、最近はそのことばかりで頭がいっぱいになっていた安藤は、嫌がらせのことなどすっかり頭から抜けていたため、一瞬、珍しくポカンと首をかしげる。

そうこうしているうちに、添田の後ろにいた三人も、上司に合わせて慌てて頭を下げた。

その様子を見て、安藤は「ああ」と思い出したように呟いた。

安藤の声を聞いて、添田は頭を下げたまま続ける。

「私の部下が、安藤さんに対して、大変失礼で迷惑な行動をとっていたというのを昨夜、私自身が実際に目にした。その件で、どうか謝罪させてほしい」

「本当に、申し訳ございませんでした!!」

添田に続いて、部下だと言われた男性社員たち三人も謝罪の言葉を口にする。

「部下たちがこのような卑劣な行為に及んだのは、すべて私の責任だ。彼らは、私が識学に対して不満を持っているから、私の思いを汲んでくれようと思った結果、こんな行動をとっていたんだ。私からも改めて、謝罪する。本当にすまなかった」

添田の声は、申し訳なさと、自らに感じているのであろう不甲斐なさからか、少し震えていた。

なかなか頭を上げようとしない四人に対し、安藤は「そうですか、まずは皆さん、頭を上げてください」と声をかける。

上司の動きに合わせて、恐る恐る頭を上げた部下たちは、安藤が怒り心頭であるだろうと予想していた。しかし、目の前の安藤は意外なほどに穏やかな表情をしていた。

「正直、こうも忙しい毎日ですからね。あなた方の嫌がらせなんて気に留めている場合じゃなかったんですよ。だから、もう大丈夫です」

どこか突き放すような言い方ではあったが、安藤の言葉には怒りや憎しみはこもっていなかった。それどころか、

「添田さんは、随分と尊敬されているみたいですね。それ自体は素晴らしいことですが、今回の彼らの行いはいただけない。しかしね、そんな会社や社員の皆さんを変えていくのも、私の仕事なんですよ。こうして直接謝りにきてくださっただけでも、十分です」

と言う。すべて許すと言うのだ。

安藤の拍子抜けするほどの対応に、昨夜、添田にこっぴどく怒鳴られた部下たちは涙目になっていた。

「寛大な対応、痛み入る。本当にすまなかった」

そう言って、添田はもう一度深く頭を下げた。

「この数ヶ月間、あなたの仕事を見てきた。私はあなたの考えには賛同できないが、社長の若宮は私よりもあなたの力を必要としているらしい。安藤さん、どうかこの会社をお願いします」

添田は頭を下げたまま言った。その後ろで、部下たちも頭を下げている。

添田の言葉に安藤はどこか引っかかるものを感じたが、今はそれを問いただすタイミングではないだろう。そう思って、安藤は何も言葉を返すことなく、その場を収めた。

ブラインドを上げた窓からは、室内にまばゆいほどに真っ白な朝日が差し込んでいたが、頭を下げ続ける添田の表情は、安藤にはうかがえなかった。

＊　＊　＊

それから一週間ほど経ったある日のこと。

朝から抜けるような晴天で、猛暑ではあるものの、清々しい空気が街全体を包み込んでいた。

そんな空気のなかを気持ちよく出勤してきた美優は、社内に入るなり異変を感じた。

理由はわからないが、何やらオフィス全体がざわついている。

(どうしたんだろう？　また安藤さんのことで、誰かが揉めてるのかな？)

以前のマネージャー研修で目にした添田と安藤との間の衝突を思い出しながらそう考えていると、美優の姿に気がついた秋元が小走りでこちらに近づいてきた。

「美優ちゃーん、おはようー！」

「秋元さん、おはようございます。あの、どうしたんですか？　なんか社内の様子がおかしいような……」

美優が心配そうに尋ねると、秋元は少し声をひそめる。

「そうそう、それがね……」

美優は秋元が囁く声に耳をすませる。

「入社一年目の若手が、しかも全体の半分近くが、急に辞めるって辞表を出してきたらしいの」

「え、ええっ⁉」

あまりの驚きに美優は大きな声を上げてしまう。

「ちょっと、美優ちゃん、静かに！　シッ！」

秋元は人差し指を口もとで立て、美優をたしなめる。

「だって、どういうことですか⁉　みんな、いきなり辞めるって……」

美優は秋元に抑えられつつも、動揺を止められずにいた。

あたりを見回してみると、たしかに、今日はオフィスにいる人の数が明らかに少ない。

みんな忙しくどこかに出かけているだけかと思いきや、まさか辞めていくなんて。

思いもよらない状況に、美優は目を白黒させていた。

秋元もやはり驚いているのか、ふくよかな身体を揺らしながら、話を続ける。

「原因は例の識学よ……。あのマネージャー研修に出ていた人たちの何人かが、識学の導入にかなり不満を持っていたらしくてね。ほら、若宮社長も、最近社員に冷たいじゃない？　そんなことなら辞めてやるって言って、マネージャーが何人か出て行っちゃったみたいなの」

「それでも、新人でマネージャー研修に出ていた人なんて、そんなに多くないですよね？　どうして半分以上も？」

安藤のマネージャー研修には、藤川などのように入社一年目の社員からも何人か、上司に期待されている人材が「マネージャー見習い」の扱いで参加していた。しかし、基本的には参加者は管理職や、美優のようなマネージャー志望の若手などで、その人数は限られていたはずだ。それに、マネージャー研修自体に出る人も日に日に減っていた。反対派も多く、皆「業務が忙しいから」などと適当な理由をつけて、回を追うごとに一人、また一人とサボるようになっていたのだ。

マネージャー研修に出ていた一年目の社員の全員が辞めたとしても、人数の計算が合わない。

「それが、ほら、うちの会社ってみんな仲がいいじゃない？　それぞれのマネージャーも人望があるから、先輩が辞めるなら俺も辞めますって感じで、熱量のある子たちは一緒に辞める流れになちゃったらしくて。それに……」

秋元は声をもっと小さくする。

「副社長の添田さんも辞めるらしいのよ」

「副社長まで⁉」

副社長と言えば、若宮とともにオールウェイズ・アサイン社を立ち上げた、この会社にはなくてはならない存在のはずだ。そんな彼が辞めるということは、会社にとっても、社長の若宮にとっても一大事。美優は状況を把握して青ざめた。

(社長、どうするんだろう……)


その若宮は、社長室で絶望に打ちひしがれていた。

目の前には、何通もの辞職届が並べられている。

皆、可愛がってきた若手社員や、信頼していたマネージャーのものだ。

さらにそこには、同志として創業以来ともに歩んできた、副社長の添田の名前が書かれているものまで混じっていた。

若宮は膝に肘をつき、頭を抱えるような体勢で床を眺めていた。

(まさか、こんなに辞めてしまうなんて。それに、添田まで……)

数人の辞職は覚悟していたが、目の前にある辞職届のあまりの多さに、若宮は頭が爆発するのではないかというほど愕然としていた。

社長室には、若宮だけでなく、安藤もいた。社員の大量辞職について話し合うため、若宮が呼びだしていたのだ。

「安藤さん、社員がどんどん辞めています。このまま改革を続ければ、組織自体が壊れてしまうかもしれない」

若宮の焦りを含んだ暗い声が響いた。

たしかに、識学を導入してから、多くの部署で業績の向上が見られた。しかし、大胆すぎる改革は、以前のオールウェイズ・アサイン社に親しんでいた社員たちには合わなかったのだろう。現実にこうして生じた離反の数々に、若宮はショックを隠しきれなかった。

（俺が守ってきた会社が壊れるかもしれない……。識学を導入したことは、本当に正しかったのか……？）

若宮が自問自答を繰り返すなか、安藤は顔色一つ変えていなかった。

「若宮さん。組織が大きく変化するときには、一時的に去る人が出るのは仕方がないのです。副社長に関しては、そもそも部下から社長と同格に見える立場の人がいる、ということのマイナスの影響も大きいのです。社長としっかり上下関係が作れないのであれば、いないほうがよい、とも言えるでしょう」

そう冷たく言いきったのだ。

結局、安藤はあの嫌がらせ事件のことも、添田の謝罪のことも若宮には伝えていなかった。そんな事件を知れば、若宮は余計に混乱するだろう。今は会社のことだけを目いっぱいに考えてもらわなければいけない時期なのだ。

『安藤さん、どうかこの会社をお願いします』

先日、添田は安藤に対してそう言った。

その言葉がどうにも引っかかっていた安藤だったが、今回の退職騒動ですべて合点がいった。添田は、あのときすでに会社を辞めることを決意していたのだ。

しかし若宮はそんなことはつゆ知らず、唐突に突きつけられた数々の辞職届に、今までにないくらい狼狽している。安藤に説得され、気を取り直そうとするが、気分は沈んだままだ。

安藤の言うことを必死で信じようとするのだが、実際にこんな事態が起こってしまうと、識学についての疑念が頭をもたげてくるのも事実だった。

ひとまずオフィス内の様子を見に行こうと若宮が廊下に出ると、見慣れた後ろ姿がエレベーターに入っていこうとするのが見えた。

「添田!!」

後ろ姿は、ゆっくりと振り返る。ちょうどオフィスを出ようとしていた添田だった。

「若宮」

添田は手を上げて応えた。

「添田、本当に辞めるのか？」

若宮が添田に駆け寄って、聞く。

「辞めるよ、すまん」

添田は謝罪とともに頭を下げた。

深々を頭を下げる添田に、若宮は眉間にシワを寄せる。

「辞めるにしても、どうして俺に相談をしてくれなかったんだ」

若宮が続けて聞くと、添田は若宮を睨みつけて、堰を切ったように、それまで溜め込んできた不満を述べ始めた。

「おまえが、おまえが俺に相談もせずに、識学なんか持ってきたからだろう！」

語気を荒げる添田。厳しい口調とその表情には、悔しさや怒りなど、言葉では表現しきれない感情がこもっている。若宮はハッとした。たしかに、自分は独断で識学と契約を交わしたのだ。それなのに添田の辞職に意見するのは、そもそもお門違いなのかもしれない。

「そうか、それは、本当に申し訳なかった……」

小さな声で詫びる若宮に添田は返す。

「とにかく、俺は、もう辞める。あとはお前一人だ。一人で、頑張れ」

添田の発した、「一人」という言葉が若宮に重くのしかかってきた。添田がいなくなる今、オールウェイズ・アサイン社を支えられるのは、もう自分だけになったのだ。

自分の判断に対して疑心暗鬼になっていた若宮にとって、その言葉はことさら重く感じられた。

「添田、最後に聞かせてほしい。識学の導入は、間違っていたと思うか……？」

若宮の最後の問いに、添田は少し沈黙した。

「若宮、俺はお前の信念についてきた。ほかの社員たちだって、そうだ。お前自身についてきたんだ。だから、お前があの識学を使うと言うなら、俺はもうついてはいけない」

苦しそうな顔をする若宮に、添田は続ける。

「でもな、お前が信じたものなんだろ？　あの識学ってやつは。それなら、お前自身が思いを揺るがせてどうするんだよ」

添田は叱責するが、その言葉の裏には、たしかに若宮への激励があった。

「俺は副社長だったけど、オールウェイズ・アサイン社はお前の会社だ。お前が舵を切って行かなきゃいけない。だから、信じるなら信じきれ。じゃないと、お前にこれからもついてきてくれようとしてる社員たちに失礼なんじゃないか？」

若宮の心を、添田の言葉が強く打つ。

「俺はもう、ついてはいけない。それでも、お前のことは信じてる。自分の思う道を歩んで、お前がこの会社を救え」

そう言って、沈黙する若宮を残して添田はエレベーターに乗った。

「応援してる」

エレベーターの扉が閉じる直前、扉の隙間から小さな声が聞こえた。


若宮だけが、その場に取り残される。

毎晩飲み歩き、会社の業績悪化に苦しむ日々で、若宮は自分が一人だと思っていた。

しかし、違ったのだ。自分には支えてくれようとする仲間がいた。それなのに、その力をうまく借りられずにいたのは、ほかでもない自分自身だったのだ。

(俺は、本当に一人になったんだな)

立ち向かおうとしているのは、オールウェイズ・アサイン社始まって以来の大きな危機。

そこから会社を救えるのは自分しかいない。

(でも、俺はこの会社のトップだ。まだ、残ってくれている社員がいる。弱気でいるわけにはいかない。絶対に、この会社を建て直すんだ)

【解説】――会社の変革には別れがつきもの

誤解や錯覚が溢れて機能不全になってしまった組織を、競争力のある機能的な組織に建て直そうとすると、かならずと言ってよいほど一部の社員が大きく反発します。それは一般社員からの反発であることもあれば、管理職からの反発であることもあります。

そうした反発に直面すると、社長は不安になって、改革の取り組みが間違いだったのではないかと思い悩む――これは識学導入時の、いえ、識学に限らず組織に抜本的な変革を行った際の、いわば「あるある」な状況です。

こと識学の導入に関して言えば、組織内で本来は個々の社員が担うべき責任を、「友人のような関係性」「フラットな職場」「三六〇度評価」といった耳触りのよい言葉を隠れ蓑にして担っていない社員が多かった状況を、一気に社内の全員が、本来の責任をまっとうしなくてはならない状況に変えるわけです。

もとより改革後の新しい状況こそが本来あるべき姿なのですが、それまではぬるま湯に浸かった状態で許されていたことが、今後は許されなくなり、どうしても反発する人は出てきます。なかには退職という選択をする人も一定割合で現われます（さすがにオールウェイズ・アサイン社のように、入社一年目の社員の半数が辞めてしまうようなケースはほとんどありません……が、皆無ではありません)。

ただ、そうして組織を離れていく人が出ることを、必要以上に重く受け止めるべきではありません。

離れていく人がいる一方で、以前までの状況に組織としての不健全さを感じていて、新しい環境のほうがむしろ働きやすい、人間関係など業務以外の余計なことを気にしなくていいので心理的にラクだ、と考える人もたくさんいます。最近ではそうした組織体質のほうが若い人に好まれる傾向すらあるので、新しく入ってくる人もいるでしょう。

また、厳しい言い方になりますが、「新しい環境に適応し、社員や管理職としての本来の役割や責任をまっとうしよう」とマインドセットを変えられないメンバーは、健全で筋肉質な組織にとっては、いないほうがむしろ助かる、という一面も確実に存在します。

少なくとも、辞めていく人を引き止めるために、今ある組織のルールや原則を曲げてしまうことだけはしないようにしてください。それでは、せっかくの改革が意味をなさなくなってしまいます。

会社の変革には別れがつきもの。しかし、ポジティブに変化しない組織には死が待っているのも、また避けられない現実なのです。

5　変化

「あーあ、識学の研修、めんどくさいなぁ」

オールウェイズ・アサイン社のオフィスの廊下でそんな愚痴を呟いていたのは、美優だった。

以前、マネージャー志望という理由で、事前にマネージャー研修を受けたはずの彼女が、なぜ今ごろになって全社研修を受けることとなっているのか？　それは、「マネージャー研修をきちんと受けなかった参加者たちは、改めて全社研修に参加するように」という若宮の指示が出たからだ。

識学への反発が強く、公然とマネージャー研修をサボタージュしていた添田のような役員がいたため、美優に限らず管理職やマネージャー志望者のなかにも、マネージャー研修にきちんと参加していなかった社員はそれなりにいた。そうした参加者は、改めて全社研修にも参加するよう社長直々に指示されたのだ。

本来は、マネージャー研修に参加した者は全社研修には出る必要はない、というのが安藤の考えだったが、識学を社内にしっかり浸透させたい若宮の希望に応じた形だった。また、病欠や産休でマネージャー研修に参加できなかった管理職が何人かいた、という事情にも配慮していた。

もっともと言えばもっともな理由なのだが、ほとんどサボっていたとはいえ、何度か事前にマネージャー研修に参加したおかげで、もう識学とはおさらばだと思い込んでいた美優にとって、それは衝撃の展開だったのだ。

(もう研修は終わったと思ってたのにぃ……。それもこれも、安藤のせいだ‼)

憎き安藤の顔を思い出した美優が鼻息を荒くしていると、後方から誰かに声をかけられた。

「西村さん、西村さん！　お疲れさまでーす」

「あれ、藤川くんじゃん！」

声をかけてきたのは藤川だった。いつも軽薄な様子の彼だが、今日もまた一段と元気そうだ。

藤川にとって美優は先輩に当たるはずなのだが、いつもこうやって軽く声をかけてくる。お調子者だが悪いやつではないので、美優も会うたびに世間話に花を咲かせるのだった。

「西村さんも研修出るんすね？　てっきりまたサボるのかと思ってました！」

屈託のない笑顔で研修の話を出してくる藤川に、美優は軽く膨れる。こいつはニコニコしながら、なんてデリカシーのないことを言ってくるのだろうか。

「うるさいなー！　何回か行かなかっただけじゃん！　忙しかっただけで、サボってたわけじゃないし！　ていうか、藤川くんも今参加してるってことは、あんたも結構サボってたんでしょ！」

言い返す美優だったが、実は全社研修に合流することになってからも、すでに出席しなければならない研修は何度か行われていた。だが、美優はなにかと仕事上の理由をつけては、出席を拒んでいたのだ。

美優とよく関わりのある藤川には、美優のサボりがバレていたのか、すべてお見通しと言わんばかりにニヤニヤしながらこちらを覗き込んでくる。

「ふーん、サボってたわけじゃないんすねぇ。まあ、今日は出席するみたいだから、いいですけど、あんまりサボると怒られますよ〜？」

「だからサボってたわけじゃないっつーの!!　てか、藤川くんも識学嫌いだったじゃん。最近は随分、積極的に研修受けてるんだね？」

後輩にからかわれたのが悔しく、仕返ししてやろうと思った美優は、あえて嫌味っぽく聞き返してみる。美優は彼の慌てた姿を見られるのを期待していたのだが、予想に反して、藤川は急に真面目な顔になった。

「いや、識学は嫌いだったんすけどね。これはこれで、受け入れていくべきかとは思ってますよ」

「え？　急にどしたの？」

突如、声のトーンが下がる藤川に慌てて聞き返す。

すると、焦った美優の顔が面白かったのか、藤川はすぐにいつものおちゃらけた表情に戻った。

「いや、うちの上司がね、識学をちゃんと取り入れていきたいって思ってるらしくて！　上司命今は聞かなきゃいけないじゃないですか！　だから、真面目な僕はちゃ〜んと研修に出てるってわけっすよ！　西村さんとは違ってね！」

藤川の上司というのは、第二営業課長である山岸のことだろう。

藤川は彼女のことをそれなりに尊敬しているらしく、彼女の言うことを聞くのは頷ける。しかし、急に真剣な表情になった理由がわからなかった。

「え、それって……」

質問を投げかけようとして開けた口を、美優は閉じた。

(まあ、聞いてもどうせ答えてくれないだろうな)

美優は藤川の内心を聞き出してみたいと思ったものの、思っただけで諦めた。彼はそういうことを話すような人間じゃない。聞こうとすればはぐらかすだろうし、なんとなく、掴みどころのない男なのだ。

ここは先輩らしく余裕を持って対応しておきたいところだ。

「はいはい。藤川くんはえらいですねー。もう、早く会議室行くよ。遅れちゃうじゃん」

美優がそう言うと、藤川も速足になって一緒に会議室へ向かった。

全社研修が行われるのは、オフィスのなかでも一番広い第二会議室だ。

＊　＊　＊

「それでは、今回の研修を終了いたします。いつものように、本日の内容を忘れないようにお願いします」

　安藤の声が会議室に響く。

（はぁ、やっと終わったよ……）

　美優は椅子から立ち上がり、軽くストレッチをするように首を大きく回した。

　あの大量退職のあと、少しは安藤の研修の厳しさも緩むかと思ったが、そんなことは起こらず、むしろ一層厳しくなった気がする。

　久しぶりの、しかも好きでもない識学の研修に美優はそこそこの疲労感を覚えていた。

（あんなに社員が辞めて行ったっていうのに、社長は安藤さんを辞めさせようともしないし、どうするつもりなんだろうな……）

　若宮自身、以前に識学の導入を全社員に発表するとき、「識学が役に立たなければ、すぐに廃止する」と言っていたのに、これほどマイナス要素があらわになっても、廃止される気配はまったくない。

　変わらずに続く識学の研修に、美優は憂いていた。

(でも、識学自体がまったく役に立っていないかと言われれば、そうでもないのが余計に嫌なんだよね)

全社研修が始まってからというもの、退職せずに会社に残った社員たちに、以前にはない仕事へのメリハリが生まれつつあるのは事実だった。いつも遅刻してくる社員は、安藤やその影響を受けた上司たちが目を光らせているからか、遅れてくることがほとんどなくなったし、若宮が参加しなくなったことで社員間の飲み会も極端に減り、二日酔い状態で仕事をする社員もいなくなった。

それに伴い、営業部全体の売上も復活の兆しを見せている、という噂さえ流れていた。

(厳しくても、悪いことばかりじゃないっていうのはわかったけど、それでも私は、まだ賛成できないな)

半ばムキになっている美優にとっては、会社の業績の好転すら、安藤の指導によるものということであまりいい気持ちがしないのだった。

「安藤さん、以前いただいた識学の資料なんですけど……」

研修を終えた安藤が席を立とうとすると、研修中も最前列に座っていた一人の女性社員が、彼に質問をしに行くのが見えた。

「ああ、そこについてはですね……」

女性社員の質問に頷きながら、安藤が丁寧に何やら対応している。

以前のマネージャー研修のときには、識学反対派が大半を占めていたから、講義終了後に安藤に質問しに行く社員などまったく見られなかった。

(わざわざ安藤に質問しに行くなんて、どんな物好きだろう？)

美優が驚いて目を凝らすと、質問していたのは藤川の上司、山岸だった。

彼女は控えめながら、真面目で正確な仕事をすることに定評がある。オールウェイズ・アサイン社でも期待されている人物の一人だ。

明るく陽気な性格の社員が多い社内では珍しく、彼女はやや暗く内気な印象があるが、ほかの社員では気がつかないようなミスやトラブルの要因に素早く気づいて対応することから、部下からの信頼は厚く、社長の若宮からも非常に評価されている。

マネージャー研修に体調不良で何度か参加できなかったという理由で、原則としてマネージャー以上は参加しない今回の全社研修にも、熱心に参加していた。

「ありがとうございます！　お忙しいなか、お時間をとらせてしまってすみません。これからも、よろしくお願いいたします」

質問が終わったのか、山岸が安藤に深々と頭を下げる姿を見て、美優はぎょっとした。

（山岸さんは、安藤さんのこと嫌じゃないんだな。どうして？）

美優は社内の大半が安藤への批判意識を持っていると思っていたから、山岸と安藤のその光景に驚いたのだ。

たしかに普段から真面目な印象の彼女だ。会社が導入しようとしている識学や、その講師である安藤に強い反感を持っていないのは、なんとなく理由がわかるが、自分から質問しに行くほど積極的なタイプだっただろうか？

それに、反対派の多くが辞めて行ってしまったとはいえ、いまだ識学反対派が多い社内だ。周囲から識学に傾倒しているように見えるのは、あまり体裁がよくないいんじゃないか？　ということくらいは計算が苦手な美優にもわかる。


「山岸さん。あの、ちょっといいですか……？」

安藤が会議室から出て行ったのを見計らって、美優は山岸にそれとなく話しかけてみることにした。

「あら、美優ちゃんね。お疲れさま。どうかしたの？」

彼女らしいおっとりとした口調で答える山岸に、美優は単刀直入に聞く。

「あの、さっき安藤さんに質問しに行ってましたよね。山岸さんは、その、安藤さんのこと嫌じゃないんですか？」

　美優の言葉に、山岸は驚いたような顔をして、少しの間「うーん」と小さな声を出した。

「そうねぇ、安藤さんは厳しい方だし、ちょっとうちの会社には合わないんじゃないかとも思っていたんだけどね。でも、おっしゃっていることは、かなり重要なことだと思ったのよ」

「そうなんですか？　でも、みんな、軍隊みたいで嫌だって言ってましたよ？」

「うーん、たしかに軍隊みたいな要素もあるわよね。急に理想を捨てろ！　なんて言われても、びっくりしちゃうもの。けれど、ルールをしっかりと決めて、お互いの役割を把握しながら、社員たち一人ひとりの能力をしっかり開花させてあげられる識学の考え方は、今のオールウェイズ・アサイン社には必要なものだと思うな」

　そう言いながら、にっこりと笑う山岸。

「そういうものですかね……。なんか、今までのオルインがなくなっちゃうのかって思うと、悲しくて……。社長と飲み会に行ったり、楽しいこともなくなっちゃいましたし」

　美優が本音を打ち明ける。今まで理想だと思っていた会社がガラリと変わっていくことを、先輩の言葉があったとしても、やはり素直には受け入れられなかった。

「そっか、美優ちゃんはよく飲み会にも行ってたもんね。私は、あまり参加していなかったんだけど、うちの会社のいいところでもあったよね。アットホームで楽しくて。

でもさ、仕事って、本当にそういうものだけなのかな？」

山岸の問いに何も答えられないでいる美優に、山岸は続ける。

「あんまり話しちゃいけないみたいだけど、うちの会社ね、ちょっとまずい状況にあるみたいよ。ありがたいことに課長としていろんな部下を育てさせてもらってる私は、会社のためにも、自分のためにも、そして部下の子たちのためにも、古い体制に固執していないで新しい考え方をもっと取り入れていきたいって思ってるの」

山岸の言っていることは、至極真っ当な意見だった。しかし、

（まずい状況……？）

彼女が言ったこの言葉が、美優の心に引っかかる。まずい状況とは、一体どういうことなのだろうか？

「あの、それってどういう……」

聞き返そうとすると、山岸は腕に巻いていた時計を見て、慌てる。

「あ、もうこんな時間！　ごめん、美優ちゃん！　次のミーティングがあるから！　また話そう」

そう言い残し、パタパタと走って出て行ってしまった。

「あっ、お疲れさまでしたー!!」

美優はまだ納得できていなかったが、上司である山岸に余計な時間を使わせてしまったことに

少し罪悪感を覚え、その日の彼女へこれ以上の質問をすることは諦めた。

（山岸さんの言葉、気になるな……誰かに聞いてみたらわかるのかな……？）

そう思いながら、彼女の背中を見送り、美優自身も仕事に戻ることにした。

＊　＊　＊

「西村さーん、これ今回のプロジェクトの資料。目を通しておいて」

デスクに戻ってきた美優に声をかけたのは、広報課長の布施亨一だった。

薄い資料の束を美優に手渡して、彼女の隣の席にドッカリと座る。

「それにしても美優ちゃんも大変だよね、社長室からいきなり広報課に異動なんて。しかも、こんなバタバタしてるときに」

布施は額の汗をハンカチで拭いながら、心配そうに美優を見た。

たっぷりとしたお腹がスーツのベルトの上に乗っている彼の姿は、なんだかアニメに出てくるお父さんのキャラクターのようで親しみやすく、美優は「大丈夫です」と笑って答えた。

実は先日、美優は入社後ずっと配属されていた社長室での勤務から、広報課へと異動となった。

例の識学に反発した社員の大量辞職があり、急な人手不足であくせくしていた広報課への美優の異動を決めたのは、ほかでもない社長の若宮だった。

「急な話で申し訳ないが、広報課へ異動してほしい。どこの部署も人材不足で、広報課を手助けできる社員が君しかいないんだ」

若宮からの急な辞令に、美優は驚いた。

「え、でも私、広報の仕事なんてまったく経験がないですけど……」

美優はとっさに異動できない理由をいくつも考えたが、そのどれもが若宮には通用しなかった。

「知ってるよ。それは大丈夫だ。課長の布施さんにもちゃんと伝えてあるから、彼がちゃんと指導してくれると言っていた」

議論の余地はないと言いたいのだろう。若宮は迷いのない目で美優を見る。その鋭い視線に、美優は怯みそうになる。

社長はどうしてしまったのだろうか？　以前の彼は、こんな顔ができる人じゃなかったのに……。

「そんな、いきなり！　私は、もう社長室には必要ないってことですか!?」

急な異動の辞令に感情的になってしまった美優は、震える声で若宮にそんな言葉をぶつけてしまった。

最近、その日のことを思い出して、美優はたびたび後悔の念にかられていた。

（あーあ……、若宮社長も大変だっていうのに、私、なんであんなこと言っちゃうかな……）

普段は絶対にあんなことは言わないのに、感情的になると思いも寄らない言葉を吐いてしまう自分が、すごく子供じみているように思えて嫌になる。

しかし、一番忘れられないのは、その問いに対する若宮の温度のない声での返答だった。

「識学がある今、社長室には俺以外はいらないんだ。でも、何も君のことを不要と言っているわけじゃない。君の能力を活かすためにも、今は広報課で頑張ってほしいんだ」

社長室には自分以外いらない。若宮に面と向かってそう告げられた事実が、美優の心に突き刺さった。

これまで、会社のために、そして若宮社長のためにと思ってやってきたのに、あんなふうに突き放されるとは予想だにしていなかった。

美優が思わずため息をつくと、目の前にいた布施がますます心配そうな顔をした。

「西村さん、本当に大丈夫？　無理しないでね。仕事のことは、僕ができるだけ丁寧に教えるから、安心して」

布施はそう言うと、柔らかそうな腕の先にある手のひらをぎゅっと握り、胸の前でガッツポーズをする。その姿に、美優は新しい部下を懸命に励まそうとする優しさを感じた。

布施の握りしめた左手の薬指には、シルバーの指輪がはめられていた。仕事中、たまにチラチラと見える布施のスマートフォンの待受画像には、丸い頬が可愛らしい小学生くらいの女の子が写っている。数日前、美優が「可愛い子ですね」と褒めると、「やんちゃなんだけどね」と嬉しそうに笑っていた。きっと、家に帰ってもよい父親をしているのだろう。

(私は、本当に上司には恵まれてる。広報課でも、頑張ろう)

落ち込んでいた美優は、我に返って自分自身を励ました。彼のようなよい上司の下につくことができたのだから、精一杯頑張らないと。幸い、広報の仕事も嫌いじゃない。

「そういえば、あ、あの」

そう思っていたところで、美優はふと思い出して布施に声をかけた。

「何?　どうしたの?」

キョトンとする布施の顔を見ながら、美優はどうやって質問したらいいかを考えた。

聞きたかったのは、先ほど全体研修のあとで、山岸が言いかけてやめたことについてだ。

「あの、さっき小耳に挟んだことなんですけど……うちの会社が、なんか、まずい状況にあるんじゃないかって……」

恐らくはナイーブな話題だろうと、美優が言葉を選んで恐る恐る聞くと、布施は頭をポリポリとかきながら困った顔をした。

「あー、うーん。なんか、まだ公には言われてないらしいから、秘密にしておいてほしいんだけど」

布施の言い方に嫌な予感がして、美優はゴクリと唾を飲み込んだ。

「うちの会社、ここのところ業績悪かったのは知ってるよね？　それでさ、創業当初からお世話になってるメインバンクの担当さんが、随分お怒りみたいでさ。今期中に会社を建て直せなかったら、うちの会社にはもう融資ができない、とかなんとか……」

言いにくそうにボソボソとしゃべる布施の言葉に、美優はすぐには声が出ず目を丸くした。

「……え!?　それって、かなりまずいってことですよね？　会社がなくなるとか、そういうことですか？」

会社経営についてよく知らない美優でも、メインバンクから融資を受けられなくなることの重大性はなんとなくわかる。思わず声を荒げて聞き返す美優に、布施は慌てた。

「い、いや！　すぐになくなるってわけじゃないと思うけど……でも、もしそうなったら、経営は厳しい状況になるだろうね。実は僕も、あんまりわかっていないんだけどさ……」

そう言って太めの眉をハの字の形にした布施は、なぜか美優へ申し訳なさそうな表情を向けた。

もちろん布施にこの事態への責任があるわけではないが、美優がかなりショックを受けた顔をしていたため、人のよい彼にはそれが耐えられなかったのだ。

（そっか、だから山岸さんは焦ってたんだ。きっと、藤川くんもそれを知ってて）

そういう状況なら、あの二人が識学に頼ろうとしているのも頷ける。二人とも根は真面目だから、会社を守りたいと思っているに違いない。

「そうなんですね、ありがとうございます。誰かに話したりはしないので、ご安心ください！」

美優は気まずい空気をどうにか仕切り直そうと、無理やりに明るい声を作った。ここで布施に心配をかけても、彼の負担になるばかりで意味がない。

美優の元気が少し戻ってきて安心したのか、布施も「そうしてくれると助かるよ」と、丸い頬で笑顔を作った。


「そういえば、美優ちゃん、次の全社研修にもちゃんと参加するよね？　今日は出てたみたいだからいいけど、あんまりサボり過ぎちゃ、だめだよ？」

少しでも気分を明るくしようと考えていた矢先、布施から耳を塞ぎたくなるような質問が飛んできた。まったくの不意打ちの問いかけに、一気に美優を取り巻く空気が淀む。

「そ、そうですねぇ……。でも、今は新しい仕事に慣れるのが精一杯で……」

美優が苦し紛れにごまかそうとするが、布施はごまかされてくれなかった。

「うーん、それでも出ておいたほうがいいと思うよ。識学も、ちゃんと勉強すれば役に立つことも多いだろうし。僕も頑張っているからさ。美優ちゃんも、頼むよ」

人のいい布施にそう言われると美優も拒否はできず、曖昧な返事をしつつ、その場からそそくさと離れることにした。

（布施さんは、識学肯定派みたいだもんな……）

今日は久しぶりに研修に参加したが、本当は心底面倒くさいと思っているし、何より安藤の顔なんて見たくもない。大量退職騒ぎがあって、少しは安藤や若宮の対応も変わるかと思ったのだが、変わるどころかむしろ厳しくなっている。

しかも、広報課の面々は布施をはじめとして識学への拒否感が薄く、最近ではむしろ積極的に実践している雰囲気すらある。

いや、拒否感が薄いと言うよりは、布施自身が元来「ことなかれ主義」であるために、そもそも会社の方針を否定したりはしないのだろう。

典型的なサラリーマンタイプと言えば聞こえが悪いが、今のオールウェイズ・アサイン社においては、彼のような考え方のほうがずっとストレスなく仕事ができるだろう。美優はそう考えて、少し布施が羨ましくなった。

（まあ、いろんな人がいるのはいいことだよね。私は識学、嫌いだけど！）

美優は自分を無理やり納得させ、仕事に戻った。

広報の仕事は初めてのことが多く、戸惑ってばかりだが、積極的に取り組めば会社の利益にも大きく貢献できる可能性があると知ってからは、少しずつ仕事が楽しくなっている。就業時間内に課されたタスクをやりきれば、残業もしなくていいかなり良心的な体制で、美優自身の性格にも合っている気がした。

一生懸命に仕事に打ち込めば、自ずと時間も過ぎていく。日はゆっくりと傾いていった。

ブー、ブー

あと少しで定時というタイミングで、美優のスマートフォンが揺れた。

誰からの連絡だろうとチラリと確認すると、「由樹菜」の文字が見える。

由樹菜は短大時代からの美優の友人で、今でもしょっちゅう会っては、お互いに酒好きだという理由で飲みに行く大の仲よしだ。今日もそんな彼女と、仕事終わりに飲みに行く約束をしていたのだ。

「もうすぐ仕事終わるよ！　いつもの居酒屋でいい？」

通信アプリの通知に由樹菜からのメッセージが表示される。まだ勤務時間内のため、美優は目立たないようにスマホを机の下に隠して、こっそりと返信した。

「うん！　私もそろそろ終わるよ！　いつものとこでよろしくー！」

友人に会える喜びに上機嫌となった美優は、その勢いで残っていたタスクを急いで終わらせた。

「お疲れさま!!　待たせてごめんねー、もうなんか飲んでる?」

美優が待ち合わせの居酒屋に着いたときには、由樹菜はすでにテーブル席に座って待っていた。

ここは駅から近く人気のある居酒屋で、とにかく焼き鳥がとんでもなく安くて美味しい。本当はおしゃれなバーなんかに行きたいところなのだが、お金がかかるからと、お互いの誕生日などの特別な日を除いては普段の居酒屋で済ませてしまうのが、二人のいつものパターンだった。

美優も由樹菜も大のお酒好きだから、高いバーなんかで飲んでいては、お給料がいくらあっても足りないのだ。

この居酒屋は、そういう軽い飲み会の需要が高いらしく、いつも仕事終わりの若いサラリーマンで混んでいるのだが、今日はまだ早い時間だからか通常よりずっと空いていた。

美優が慌てて席に着くと、

「ううん、私も今きたところ。まだ何も頼んでないから、まずは飲み物決めちゃお」

と言って、由樹菜があたたかいおしぼりを差し出してくれる。

こういう気遣いのできるところは学生時代から変わっていない。今の美優には、なんだかそれが嬉しくて、ニコニコしながら差し出されたおしぼりを受け取った。

「なーにニヤニヤしてんの。それで、最初は何にする？」

自分の顔を見て不自然なほど笑顔になる友人に苦笑いしながら、由樹菜は彼女にメニューを手渡す。

「とりあえず、ビールかな」

「うん、私も」

差し出されたメニューを軽く覗いて、ひとまず飲み物を頼むと、由樹菜が少し心配そうな顔をした。

「最近、忙しそうじゃん。仕事、大丈夫？　会ってみたら案外元気そうで安心したけど」

自分を心配してくれる友人の優しさをしみじみ感じつつ、美優は首をかしげて困り顔を作ってみせた。

「それがさあ、仕事は大丈夫なんだけどね、最近大変で……」

「なになに、どうしたの」

由樹菜がテーブルに乗り出すと、ちょうど頼んでいたビールが運ばれてきた。

「「とりあえず、カンパーイ」」

二人の声と、ビールのジョッキがぶつかるカチャンという音が重なった。

その音が合図とばかりに、美優の愚痴大会が始まる。

急に会社へやってきた安藤のことや、それを受け入れ、変わってしまった若宮のこと。会社がなくなるかもしれないこと。頻繁に開かれる研修についてなど、心のなかに溜まっていた鬱憤を今日ばかりはとぶちまけた。

アルコールで顔を赤くしながら、怒涛のように話す美優に対し、由樹菜はうんうんと相槌を打ちながら真剣に聞いてくれる。

「とにかくさ、その安藤っていう人が、識学とかいうのを持ってきたせいで、会社のなかはぐちゃぐちゃなんだよ。あんなに優しかった社長も、飲みに連れて行ってくれることもなくなっちゃったし、急に会社がなくなるかもーって言われるし、社員だって何人も辞めてるの。このままじゃ、オルインも終わりだよ」

一通り話し終えた美優は、これまでの不平不満をある程度発散できたことで、少なからぬ爽快感を感じていた。

「ごめんね、愚痴ばっかり話しちゃって」美優が苦笑いする。

「ううん、大丈夫。美優、大変なんだね」

首を振りながら言う由樹菜だったが、美優はそんな彼女が、考え込むような表情をしていることに気がついた。

「由樹菜？　どうかした？」

美優が友人の様子をうかがいながら聞くと、由樹菜は言葉を選びながら話す。

「うーん、大変そうだなーとは思うの。急な組織体系の変化とか、研修の実施とかって、仕事にもダイレクトに関わってくるじゃない？　だけど、話を聞く限りでは、その安藤さんが言ってることも、そんなに悪い感じもしないな、と思って。

だって、実際に安藤さんって人は結果を出してるんでしょう？　マネージャーが部下のモチベーションを管理しないって、悪いことのようにも聞こえるけど、その分、一人ひとりの自立には繋がりそうだな、と思ったんだよね。

実際に会社自体はやばい状況なんだよね？　なら、これまでのやり方だけじゃいけないっていうのも否定はできないよ」

「そ、そうなのかな……そういえば、うちの会社の上司も、同じようなこと言ってた気がする」

親友の気持ちを尊重して、言葉を選びつつ諭すように話す由樹菜に、美優も強い反論はできなかった。

「その人は、なんて？」

美優は今朝、山岸に言われたことを思い出す。

「楽しいのもアットホームなのもいいけど、仕事って本当にそういうものなのか、って」

「なるほどね」

美優の返答に、由樹菜は深く頷いた。

「私、その上司さんの言うこと、わかる気がするな」

「どういうこと？」

由樹菜が山岸の意見に賛同したことに驚いて、美優は思わず訝しげな顔をしてしまった。

「その人が言う通りさ、仕事って楽しい部分もあるけど、それ以上に気を遣ったり、会社の利益になるようにシビアな感覚を持たなきゃいけないときもあるじゃん？　会社自体をよくしていくには、その識学みたいに、一見厳しくても、現状の改善のためにルールに則って、組織や仕事の仕方を変えていくことって、それ自体が仕事の本質な気がするの」

友人が真剣な顔で話す言葉を聞いて、美優は過去の自分を振り返る。

「私は、以前のオルインが好きだったんだよね。楽しくて、やりがいがあって」

少し弱気になった美優は、かつての若宮の姿を思い出していた。

（そういえば、若宮社長にもこんなふうによく愚痴を聞いてもらってたな……）

もしかすると、あの飲み会や自分の愚痴も、若宮にとっては負担となっていたのかもしれない。

そんな考えが脳裏によぎって不安になった美優は、ジョッキに入っていたビールを勢いよくあおり、胸のなかのモヤモヤを打ち消そうとした。

荒れる親友の様子を見て、軽く眉尻を下げながら由樹菜が言う。

「楽しいだけなのもいいけどさ、結果が出たら、もっとやりがいに繋がるんじゃない？」

優しく、しかし的を射た彼女の言葉は、美優が抱いていた識学への嫌悪感を少なからずぐらつかせた。

「うーん、もう、よくわかんないよ……」

汗をかいたビールジョッキの最後の一口を飲み干して、美優はまた新しいビールを注文することにした。今日は、とことん飲みたい気分だった。

＊　＊　＊

翌日、前日の飲みすぎで危うく遅刻しそうになった美優が慌てて出社すると、すでにその日の識学の全社研修が始まろうとしていた。

課長である布施の指示もあり、さすがに参加しなければと考え、美優は急いでメモとペンを手に持って会議室へと滑り込む。

もう話し始めようとしていたらしい安藤は、会議室の一番後ろの席へこそこそと座った美優に、ギロリと鋭い視線を向けた。

いつもなら反発する美優も、さすがに自分の遅刻が原因とわかっているので、安藤の叱責を含んだ視線に気がついても「すみません」と縮こまることしかできなかった。

「皆さん、おはようございます」

安藤が挨拶をすると、参加者のうちの数人が「おはようございます」と応じ、他の社員たちは座ったまま軽く頭を下げた。

「今日からは、識学の全社研修もそろそろ具体的な内容に入っていきたいと思います」

安藤はそう言うと、会議室の前方にモニターを表示した。

「今日皆さんにお伝えしたいのは、こちらです」

安藤が手に持っていたリモコンを操作すると、そのモニターに文字が映し出される。

『ルールを徹底して、組織の改善を図る』

それを見て美優は、例によって不愉快な気持ちになったが、会議室を見回してみると、何人かは食い入るようにモニターを見つめ、急いでメモをとっている様子がうかがえた。

「皆さんもご存知の通り、多くの組織には、『これだけは決して破ってはならない』というルールが存在します。会社という組織でも、同じことです。

このルールには、組織の破綻を防ぎ、組織を円滑に回す役割があります。まずは皆さんに、このルールの徹底をしていただきたいと思います。例えば、出社した際に社員証を必ずつけること。これも、こちらの会社ではルールとなっているはずですが、皆さんのなかにはつけていらっしゃらない方も見受けられますね」

安藤が会議室を見回しながら言うと、社員証をつけていなかった若手社員の数名が、気まずそうな表情で顔をそむける。

「このような単純なルールは、守ろう、やろうと思いさえすれば、誰にでも実行可能なもののはずです。まずはこうした、『できる・できないが存在しないルール』の徹底をすることで、組織運営の基礎を作っていきましょう」

安藤はその日を皮切りに、遵守すべきルールの設定と、それらが正しく実行されているかのチェックを実施していった。

思えばオールウェイズ・アサイン社では、社員証のルールをはじめとして、会議を時間通りに始めること、使った会議室を元通りに戻すことなど、設定されているはずのルールに対する管理があまりにもずさんだった。

社員たちも、時間遅れでスタートする会議や、片づいていない乱雑な会議室に嫌気が差していても、自分たちで改善することはできなかった。安藤は、その部分の改善に注力したのだ。

最初はなかなかルールを守れなかった社員たちも、安藤が目を光らせ、常に注意されるかもしれない状況のなかで仕事を続けることで、次第にルールを守るようになっていった。

安藤曰く、「ルールを守ることは、習慣化されればそれほど難しいものではない」のだそうだ。

一人ひとりがルールを徹底して守ることによって、社内は少しずつ業務に適した環境になっていき、組織の円滑化の恩恵を受けて、ほかでもない社員たちがもっとも助かっていた。

これを機に、安藤の言うことをもっとちゃんと聞いてみるか、と言いだす者まで出てきたのだ。

(たしかに、会社内の状況はよくなったけど、それでも私はまだ……)

美優はいまだ、識学を認められないままでいた。

【解説】――「姿勢のルール」が守れない組織はすべてが緩む

組織を運営していく上でもっともしてはならないこと。それは、それぞれの組織ごとに定められている基本的なルールの逸脱を、特定の人にだけ許すことです。

例えば「来客があったときには、必ずフロアの全員がはっきりとした声で挨拶をする」とか「使用後の会議室の椅子や備品を元の状態に戻す」といった、誰でもやろうと思えば必ずできる基本的なルール。識学では、こうしたルールのことを「姿勢のルール」と呼んで、組織内の全員が必ず守るように徹底、いえ、強制することを重視しています。

ありがちなのが、営業成績がダントツの人や、業務上必要な特殊能力を持っている人、あるいは他社からマネジメント待遇で中途採用された人や、性格的に声が大きい人などが、これらの姿勢のルールを破っても、直属の上司や社長などが「あいつはよくやってくれているからな」などと理由をつけて、姿勢のルールからの逸脱を許してしまう状況です。

会社の一部にでもこうした特例があると、組織全体で基本的なルールを守ることへの意識が低下し、当初定めたはずの姿勢のルールが、なし崩し的に守られなくなっていくことも見逃せません。そうした意識は上司からの指示・命令に対しても同様に適応されるので、「別に、目標を一〇〇%達成する必要はないですよね？　だって、〇〇さんや△△さんはルール違反しても許されているじゃないですか？」と、悪循環に容易に突入していきます。

こうした事態を避けるためには、社員が姿勢のルールについて違反したのを見つけたとき、組織のトップや管理職が口うるさく注意する――これを徹底することです。

部下を注意するのは、誰だって嫌なものです。心理的に負担ですし、相手が成績上位者などであれば反発されることもあります。しかし、そこで「今回だけだぞ」などと曖昧に済まそうとするのは、自らのリーダーやマネジメント職としての責任から逃げていることにほかなりません。そんな管理職は不要ですし、もしあなたが社長であれば、部下に注意できない管理職には低い評価を与えなければなりません。

やろうと思いさえすれば誰でもできる姿勢のルールを守らないのは、自分なら少々のことなら許されるはず、という社員による無意識な位置確認の行動でもあります。姿勢のルールは、それへの対応によって、個々の社員の「会社や上司に対する姿勢」が垣間見えるルールでもあるのです。

特例を許してしまえば、その社員は目標数字の達成や大切な業務に関しても、未達成でも許されるはず、というスタンスで取り組むことになります。

姿勢のルールを守れないのならば、その人はこの組織には不要だ、という強いスタンスで常に臨むべきでしょう。そうであってこそ、組織全体が健全に運営されていきます。

6　受容

月曜日のオールウェイズ・アサイン社のオフィスでは、出勤時間の朝九時ぴったりにも関わらず、多くの者が第二会議室に集まっていた。

かつてなら遅刻してくる者が一人や二人は必ずいたのだが、今は皆、あくび一つせずに識学の全社研修の開始を待っている。

それもこれも、安藤が出勤時間を守ることを徹底してきたからだ。

そんなに簡単に社内を変えられるのかという懸念もあったが、朝起きるのが苦手な社員たちには、早起きに適した睡眠法などの資料を安藤自身が準備してくるなど、彼の熱意はたしかなものだった。その努力が、オールウェイズ・アサイン社全体を着々と変革している。

「皆さん、本日もお集まりいただき、ありがとうございます。今回から、新たに中途採用された社員の皆さんにも当研修を受けていただくことになりました。どうぞ、よろしく」

安藤の挨拶を聞き、美優は会議室を見回した。たしかに、いつもよりずっと人数が多い。それは中途採用された社員も参加しているのが理由だったようだ。

先日の大量退職騒動で、入社一年目の社員の約半分に加えて、数名の二年目以降の社員が辞めてしまった。しかしその分、会社に残った社員は比較的に自己主張が強くない、真面目なタイプの者が多かったから、安藤が統率をとるにはむしろ都合がいいらしい。若宮は今、安藤のアドバイスで中途採用に力を入れていて、新たな社員を増やして、社内の人員バランスを安定させようとしている最中だ。

新しく入ってきた人材には、識学をすでに学んだ社員が教育係につき、日々、仕事と識学の考え方をしっかりと教え込んでいる。そのおかげか、大量の人員の入れ替えがあったにも関わらず、今のところ大きなトラブルは起こっていないようだ。

ちなみに、新入社員の歓迎会などの飲み会や各種の社内イベントは一時中止され、今は会社の再建と社員教育に全力集中する、との会社方針も示されていて、安藤は会社の飲み会に苦手意識を持っていた一部の社員からの支持も受けるようになっていた。

結局のところ、美優のように社内での飲み会やイベントを好む社員たちが多かったオールウェイズ・アサイン社のなかにも、仕事とプライベートはきっちりと分けたい、という社員は一定数いたのだ。安藤がくるまでは、そうした存在には光が当たっていなかった、というのが現実だった。

一方を大事にするあまり、もう一方への気遣いが足りていなかった。その点に気づいた若宮は、かつての自分の至らなさを反省したようで、社内イベント開催への意欲が余計に削がれているらしい。

そんな状況のなか、識学の講義が始まる。

「それでは、さっそく全社研修を始めます。前回のおさらいと続きからです」

安藤が電源を入れて、会議室の前面の壁にモニターを映す。

『組織はルールで運営する』

モニターには、そんな言葉が表示された。

「組織はルールで運営する。前回の研修でもルールについて説明しましたね。前回は、できる・できないが存在しないルールを徹底的に守る組織になることで、基礎を作りましょうという話でした。今回は、さらに発展させて組織運営をすべてルールに基づいて行っていこうという話です」

安藤がそう言うと、参加者のうちの一人が手を上げた。

「すみません」

声のほうを見ると、手を上げているのは、ついこの間、中途採用で入社したばかりの男性社員だった。

安藤は「どうしましたか？」と返事をする。

すると、その彼は手を下げて「質問をしてもいいですか？」と聞くのだ。

今まで、研修が終わったあとに質問をする山岸のような者はいても、研修中にまで意欲的に安藤に質問を投げかけるような者はおらず、美優は少なからず驚いた。

驚いたのは安藤も同じだったようだが、彼は人差し指で軽く眼鏡を直す仕草をしただけで、「ええ、どうぞ」とすぐに質疑に応じた。

「安藤さんはなぜ、組織運営においてルールがそこまで重要だとお考えになられるのですか？最近の世のなかの風潮では、ルールで組織を縛るより、各自が自由に働いたほうがよい、という考え方が多いんじゃないかと思っていまして」

男性社員の質問を、安藤は深く頷きながら聞いた。

「それはよい質問ですね。たしかに最近の風潮では、ルールを最小限に減らし、社員の自由な発想を促す、という考え方が増えてきています。そうしたやり方のほうが理想的ではないかと考える方も多いと思いますが、私は、そのやり方では正常に組織を運営していくのは不可能だと考えています」

「どうしてですか？」

男性社員が不思議そうな顔をして聞く。

「組織運営においては、同一のルールがなければコミュニケーションにズレが生じるからです。人は置かれている状況や育ってきた環境によって、それぞれに異なる常識や価値基準を持っています。つまり、独自のルールを持っています。

会社という、それぞれがまったく違う環境を経験してきたメンバーが多数集まっている組織においては、その独自ルールの違いは非常に顕著なものになります。

各個人が持っている独自の『普通』が違うのです。そして、『普通』が違う者同士がコミュニケーションをとると、当然そこにはズレが生じる。そうしたズレの発生を防ぐのに有効なのが、社内で統一されたルールということですね。

組織を構成するメンバー全員が同じルールの上にいれば、コミュニケーションの齟齬が生まれるのを未然に防ぎ、効率的に業務を回すことができます。その決められたルールのなかで、自由に発想をすればよいのです」

これまでのオールウェイズ・アサイン社には、明確なルールが存在しなかった。

いや、あるにはあったのだが、誰も守ろうとしていなかったため、最初からないようなものとして扱われていたのだ。

安藤の丁寧な答えに男性社員は納得したのか、

「ありがとうございます！　よく理解できました」

と満足げな顔をしてメモをとっている。

「皆さんも、わからないことがあれば遠慮せずに質問してくださいね」

一方の安藤も、いつもより穏やかな表情だ。

（みんな、安藤さんに慣れてきてるのかな）

以前よりも安藤の存在がオールウェイズ・アサイン社に馴染んでいるような感覚がして、美優はなんとも納得がいかないものを感じた。

ルールでの運営。

安藤は一時間ほどの研修で、組織のルールを守ることがいかに重要であるかを参加者に教え込んだ。社員たちも安藤の言うことに納得しつつあるのか、皆だんだんと真剣な表情になっていった。導入当初は誰にも見向きされず、むしろ嫌われていた識学が、すでにこの会社を大きく変え始めている。美優は、その変化を誰よりも強く感じていた。

『仕事って、楽しいだけのものなのかな』

生ビールのほろ苦い味とともに、仕事終わりの居酒屋で親友にかけられた言葉が頭のなかで再生される。

よい仕事をするためには、やらなければいけないこともある。

彼女が言いたかったのは、そういうことだったのかもしれない。

（識学って、なんなんだろう……）

今までの研修の内容を思い出し、さらに考えを巡らせようとしている自分に気づき、美優は頭を振った。

（だめだめ！　私はそもそも反対派なんだから!!　まったく、何考えてんだか）

そう呟きながら、脳裏に浮かんでいた「識学」の二文字を振り払った。

＊　＊　＊

その日の全体研修を終えた安藤が次に向かった先は、社長室だった。

研修の進捗状況を若宮に伝えるためだ。

「若宮さん、お疲れさまです」

「ああ、安藤さん、お疲れさまです。ちょっと、待ってくださいね」

安藤が社長室に入ったとき、若宮は若い社員となにやら話し込んでいるところだった。

若宮は「ちょっとごめんな。またあとで呼ぶから」と、安藤との面談を優先させるためにその部下を部屋から出るように促した。

「あ、わかりました！　失礼します！」

安藤を見て空気を読んだのか、やたらと元気のいい男性社員は、明るい挨拶をして社長室を去って行った。

バタンとドアが閉まるのと同時に、安藤が若宮に問いかける。

「申し訳ございません。ミーティング中でしたか？」

「いや、大丈夫です。彼が相談事があるって前から言っていて。それを聞いていただけですから」

若宮が事もなげな様子で答えると、安藤は眉をしかめた。

「社長自ら、社員の相談に乗っていらっしゃるということですか？」

「そうですが、どこか問題でもありますか？」

訝しげな表情をする安藤に、若宮は尋ねる。すると安藤は、

「随分な問題ですよ、それは。若宮さん」と頬を引きつらせた。

「最近は安藤さんの指示で、飲み会も開いてませんし。こうやってたまに部下の相談を聞くのも、必要なことだと思うんですけどね」

若宮が自分の考えを伝えたが、安藤の表情は変わらない。

「若宮さん、聞いてください。今日の研修で社員の皆さんにも説明しましたが、会社という組織は、ルールで運営していかねばならないものです。それは、以前に若宮さんにもお話しましたよね？」

「はい、聞きました。それとこれに、どんな関係があるって言うんですか？」

若宮が首をかしげる。

「ルールで運営するにあたって、一番やってはいけないこと。それは、ルールを決める側の人が、感情に任せて物事を決めることです。

自分はそんなつもりがなくても、社員の皆さんからそのように思われてしまってはいけません。ルールが社長の感情で決まっていると思われると、ルールが社長の個人的な思いつきであるように受け止められ、ルールだとの認識が薄くなってしまうからです。

その上で、社長が直属の部下ではない特定の社員と親しくすると、つまり、特定の社員との距離だけが短くなると、社長が個人的な好き・嫌いという感情で物事を決めているのではないかと周りから思われてしまうのです。

……ご理解いただけましたか？」

「……部下ともっと、距離を置いたほうがいいということですか？」

安藤の説明を理解はしたものの、すぐには納得まではできなかった若宮は、デスクの下でスーツの端を握りしめた。

「はい。端的に言うと、そういうことになりますね」

安藤によって、会社はたしかに変わり続けている。

しかし、識学が推奨する会社経営では、今まで若宮が必死に築き上げてきた社員との関係まで犠牲にしなければならないのだろうか？

若宮はやるせなさを感じて奥歯を噛み締めるが、「わかりました、以後は気をつけるようにします」と頷くよりほかにできることはなかった。

「ご理解いただけて何よりです。全社研修ですが、かなり順調に進んでいます。本日はそれをお伝えしたかっただけです。それでは」

若宮を気遣うでもなく、安藤はそのまま社長室をあとにした。

室内にしばしの静寂が訪れる。窓にかかったブラインドの隙間から漏れ出た陽光が、どこか薄暗く見える室内をまばらに照らす。いつくかの光の束が、目に直接差し込んでいたのが眩しくて、若宮はブラインドの隙間を閉めるとデスクに突っ伏した。

デスクを枕に目を閉じた若宮から、大きなため息が漏れた。

『社長は孤独であれ』

安藤にはそう教えられている。実際、できる限り社員とは距離を置くように意識しているのだが、誰よりも社員思いの若宮にとって、それは苦渋の選択にほかならない。

(落ち込んでいても仕方がないか……)

経験から、そう思うだけでは気分は晴れないと知っていた若宮は、勢いよく身体を起こし、ネクタイを軽く締め直した。

「仕事に戻るか」

独り言を呟いたとき、ピロリンと若宮のスマートフォンが通知音を鳴らした。

画面に表示されたのは「西村美優」の文字。名前に続けて、「今日は飲みに行けませんか？久しぶりにパーッと騒ぎましょうよ！」というメッセージが見える。

美優は若宮が社員のなかでも特に可愛がっていた部下の一人だ。大量退職の影響を緩和するために広報課に異動させることになったが、若宮自ら彼女に仕事を教えようと、以前は社長室への配属もしていた。

美優からの能天気な連絡に、若宮は一瞬心が揺らぐのを感じた。このまま彼女や、他の部下を連れて、飲みにでも行けたら……会社の厳しい状況は変わらないとしても、部下と飲みに行ければ、自分のやるせない気持ちは癒せるだろう。

しかし、今の自分にはそんなことは許されない。

若宮は、俺にもっと経営の才能があったら、こんなことにはならなかったのかもしれないなど
と、どこか自虐的な気分にすらなった。

せめて断りの返事だけでもしようかと悩んだが、一瞬の間を空けて、若宮はそのまま何事もなかったかのようにスマホの画面を暗くした。

今の若宮は、可愛がっていた部下の連絡に既読をつけることすらできないのだ。

彼は改めて、全身に力を入れてデスクに向かう。パソコンのモニターの青い光が、若宮の顔を

照らしていた。

＊　＊　＊

朝一の研修が終わり、通常業務に戻った美優は、スマートフォンをチェックしては暗い顔をしていた。

若宮に何度も連絡をしてるにも関わらず、返信がこない。それどころか、ここ数日は既読すらつかなくなった。通知機能でメッセージの内容は確認されているのかもしれないが、しっかりとは読まれることがなくなった自分のメッセージを幾度となく確認して、ため息をつく。

(忙しくて返事をできないのはわかるけど、既読もつけてくれないなんて)

スマートフォンをポケットにしまって、肩を落とす。

(これも、識学のせいだよね……)

安藤の言っていた「理想の上司を捨てる」というのは、今までの若宮も捨てるということだろう。飲みに連れて行ってくれる若宮も、カラオケで一緒に歌ってくれた若宮も、もうこの会社には存在しない。すべて過去のものとして、消えてしまったのだ。

わかってはいたが、受け入れるにはまだ時間がかかりそうだ。

「仕方ないか……」

美優の呟きは、もう誰の耳にも届かなかった。

＊　＊　＊

そうして、社内で安藤の存在が定着しつつあるなか、いまだ識学に反発し続けていたのは西村だけではなかった。なかでも目立って反発を続けていた社員、それはオールウェイズ・アサイン社の執行役員であり、営業部長でもあった佐伯だ。

若宮によって安藤が初めて各部署の責任者に紹介された、あの緊急会議の日から、佐伯は識学に対して一貫してよい印象を持っていなかった。

できることなら、この会社から安藤を追い出したい気持ちでいっぱいだったのだが、一方で、佐伯が統括する営業部全体の業績が落ち込んでいたことも事実であった。業績のテコ入れのために、社長が新しく導入を決めたコンサルのやり方に異を唱えるような発言が、当時の自分に許されるとは思っていなかったのだ。

しかも、安藤はたった三ヶ月で、実際に営業部の「お荷物」状態だった第三営業課の業績を二倍にまで引き上げたのだから、なおさらだ。

マネージャー研修の多くをサボタージュした結果、再度の参加を指示された全社研修にも、佐伯は嫌々ながら出席するようにしていた。

添田が辞めてしまった今、執行役員の佐伯は自動的に社内でナンバー2のポジションとなっていた。それなのに、思うように数字を上げられない自分と、劇的な改善を実現した安藤。

佐伯にかかるプレッシャーは、日を追うごとに増していた。

そんな佐伯に追い打ちをかけたのが、つい最近の出来事だ。

仕事を終え、ちょうど会社を出ようとしていたところを社長室に呼びだされた佐伯は、若宮にかけられた言葉の意味がすぐには理解できず、その場に立ち尽くしてしまった。

「佐伯、お前には執行役員と営業部長から降りて、来月からは第一営業課長になってほしい」

若宮が無表情に吐いた言葉が、佐伯の耳を打つ。

その言葉は、立ち尽くした数秒の内に佐伯の脳内で何度も再生され、そして次第に現実となり、彼の心に激しい痛みを生じさせた。

「社長、それは……それは、つまり降格ということですかっ⁉」

佐伯が若宮に詰め寄る。

識学が導入されたことで、今後は降格の人事判断もありうるだろうとは予想できていた。

あの安藤という男は、この会社の組織を抜本的に変えなければならないと考えている。抜本的に変えるということは、従来の慣例にとらわれない人事異動があっても、なんら不思議ではない。いや、むしろいつかは必ずそれが行われるだろう、とまで佐伯は考えていたのだ。

彼自身も、一部のやる気のない社員やマネージャーの存在には呆れていた。そのため、もし彼らが降格されるのなら、それは仕方がないことだろうと、他人事として考えていたのだ。

まさか、その初めての降格人事が、自分になるとは思っていなかった。

たしかにここ数年は営業成績が芳しくない。しかし、なぜ役員でもある自分が？

「ああ、降格ということになるな」

表情を変えずに佐伯の言葉を肯定する目の前の男に、佐伯は苛立った。長い付き合いの仲間、今までともに会社の発展のために頑張ってきた自分を降格させるなんて、薄情にもほどがある。

「理由を教えてください!!」

納得できない佐伯は、一歩若宮のほうへ近づく。床を踏んだ靴底が、ギリッと軋んだ音を出した。

「理由は佐伯自身もわかっているだろう。安藤さんのアドバイスで第三営業課の業績は改善したが、営業部全体の業績はそれまでずっと右肩下がりだった。今も大幅には改善していない。このところは多少持ち直してきているが、気を抜けばまた落ち始める気配さえある。

評価は結果でする。佐伯には、第一営業課の課長として、もう一度頑張ってほしいんだ」

若宮の目の奥で、悲しさがゆらりと揺れる。できる限り平静を装っている若宮だが、やはりこれまで懸命に努めてきてくれた佐伯を降格させるのは、辛い決断だった。

それでも。自分が嫌われてでも、佐伯に本来の力を取り戻してほしい。

佐伯をもう一度頑張らせるには、降格以外に方法がない。安藤のアドバイスも受けてはいたが、それは、若宮自身が行った決断だった。

自分のなかの迷いや悲しみを佐伯に悟らせないよう、若宮は意識して表情を固めた。


佐伯は若宮の言葉に、それ以上、反発ができなかった。

自分自身が長期間、営業部の業績を上げられなかったのも、いまも思うように上げられないでいるのも、変えようがない事実だからだ。

「……そうですか、わかりました」

佐伯は拳にぐっと力を入れて、静かな声で言う。これ以上、自分に異議を唱える余地がないのは明らかだ。悔しさに奥歯を噛み締め、若宮に挨拶する余裕もなく社長室をあとにした。

幸い退社時間を過ぎていて、オフィスには人が少なく、打ちひしがれた情けない姿を同僚に見せずに会社を出られた佐伯は、ただ呆然と歩きながら、降格を告げられた瞬間を何度も、何度も頭のなかで反芻した。思い出したくなんてないのに、強制的にその映像が頭のなかに流れるのだ。

いつのまにか訪れた秋の冷たい風が頬を撫でつけ、佐伯の心に悲哀を運んだ。

このまま家で強い酒でも飲んで、全部忘れて潰れてしまえたらラクなのだが、安心できるはずの我が家へ帰ることも、今の彼には気が進まないことだった。

家での居心地が悪いのは、自分の責任だということもわかっていた。

このところ、高まる仕事のストレスに耐えかねた佐伯は、家に帰れば大酒を飲んで、若宮や安藤を非難する形で愚痴をこぼすことが多く、妻も一人娘もそんな父親にうんざりしているのだ。しかし、自分ではどうにもコントロールすることができなかった。

それでも、自宅へ向かう電車のつり革に掴まり、佐伯は電車の揺れに身を任せる。

車窓からもうすっかり暗くなっている外の景色をぼんやり眺めていると、家々の明かりが点となって流れていくのがいくつも目に入った。

あの明かりのなかには、きっとそれぞれにあたたかい家庭があり、幸せな生活があるのだろう。佐伯家もかつてそうだったように。仕事がうまくいっていたときは、社長とも家族ともこんな悪い関係になることはなかったのだ。

（それもこれも、すべては俺の力不足だ……）

佐伯はうなだれ、落ち込んではいたものの、決して諦めてはいなかった。

社長との関係性も、仕事の業績も、そして家族との幸せも、すべて自分の手で取り戻したかった。そうじゃないと、もう自分に自信を持って生きることができなくなる。

そのためには、どうしたらいいのか。不甲斐ない自分への怒りや降格への悔しさで熱を帯びているように感じられた佐伯の頭だが、思考回路は思いのほか冷静に回りだしていた。

感情的になっても、すぐに冷静な状態を取り戻せる。自分がそういう人間だと、佐伯は自負している。焦って落ち込んでいる場合ではないのだ。

この状況から這い上がる。それには、これまでは反発してきた識学を大いに利用するのが得策だろう。このまま社内で識学に反発していても、社長や安藤に煙たがられるだけで、マイナスの効果しかない。むしろ識学を徹底的に学び、そのノウハウを利用できたなら、復活の目が出てくるかもしれない。実際に第三営業課は識学で復活したのだ。

その発想がいいか悪いかはわからない。しかし、今の佐伯にとってはほかに選択肢がない。

(仕事のためなら、家族のためなら、識学でもなんでも利用してやる……!!)

佐伯は熱い思いを胸に、つり革を握る手に強く力を入れた。

【解説】――社長は会社では孤独であれ

会社という組織にとって、社長という存在はピラミッドの頂点です。指揮命令系統の一番上にいる存在なのですから、他の社員や管理者よりも一段高い視点に立って、より長期的なビジョンで社員たちに「未来」を示さなければなりません。ただし、その未来に向けての指示は、社長の直属の部下、つまりは各部署の部長や役員などに対してだけ行うべきです。

若宮が行っていたように、トップが一般社員の悩みを長時間かけて聞いてあげ、細かいアドバイスをするといった行為は、厳に慎みましょう。ましてや「そこはこういうふうにやってみろ。君の上司の○○君には俺から言っておくから」などと、指揮命令系統を無視した細かい業務上の指示などは決して行ってはなりません。

そのような行動をすれば、社長自身は部下に尊敬されたり、感謝されたりして、いい気分になれるでしょう。しかし、間に挟まれている中間管理職の人たちは、自分の頭越しに部下に直接の指示を出されて、決していい気分はしないでしょう。また、本来は直属の上司がそれらの悩みに対応することで、彼らが部下に対するマネジメントのスキルを身につける機会になっていたかもしれないのに、その貴重な機会を社長が奪ってしまった可能性もあります。そのような組織では、管理職が育たないのも無理がありません。

あるいは、もしかしたら直属の上司には、その人なりの部下への教育計画があって、あえて難しい仕事を与えて適度なストレスをかけ、部下の問題解決の力を伸ばそうとしていたのかもしれません。その途中で社長が部下の直談判に安易に応じてしまい、見当違いの指示を出されたりしたら、直属の上司としてはやっていられません。

そもそも普段は現場を離れている社長がよかれと思ってする指示は、社会の変化のスピードが非常に速い現代では、往々にして時代遅れになっていたり、ピントがずれたりしているものです。一定以上の規模の会社であれば、社長が会社のすべての業務に精通していることなどありえません。もしそう思っているなら、それは幻想です。餅は餅屋に任せ、部下の管理職を信頼して、指揮系統から外れた形での部下からの直談判には、決して応じないのが見識ある社長の在り方です。

そうした直接の交流をすることで、直談判に応じてもらった部下のほうに「自分は社長の直属の部下である」という錯覚が生まれがちなこと。場合によっては、「自分は社長の直属なのだから、直属の上司よりもむしろ上の立場である」といった錯覚まで生まれかねないことを、決して忘れてはなりません。

そうした組織内での指揮命令系統を常に意識させるために、社長はあらゆる場面で、直属の部下以外の部下とは距離をとるようにしたほうが賢明です。

例えば、同じ大部屋で、社長を含めた全員が同じデスクと椅子を使っているようなオフィスもありますが、パーテーションなどを利用して、最低限、簡易的な社長室を造るようにすべきでしょう。きちんとした個室であればなおよしです。

同様に、社員との飲み会やゴルフなどの業務時間外の交流も、最低限にすべきです。特定の社員とこうしたプライベートな交流を持つと、どうしてもその社員は自分が特別扱いされていると いう感覚を持ちますし、それ以外の社員は逆に「あいつは社長のお気に入りだからな」と不公平感を持ちます。慰労や目標達成のお祝いの席など、社長が参加せざるをえない場合でも、軽く挨拶をしたら社長だけは早めに席を立つのが賢い対応です。結局は、部下もそのほうが気兼ねなく楽しめるでしょう。

もしかしたら、こうした対応は時代遅れで古臭いものだと感じるかもしれませんが、最先端のIT企業や多数の上場企業でも、識学を導入することにより、フラットな組織形態をあえてピラミッド型に近いものへ修正することで、規模の拡大に伴って機能不全に陥っていた職場がガラリと機能的なものに改善した、という例は枚挙に暇がありません。

社長にとっては寂しいことでしょうが、会社の規模が大きくなってきたなら、さらなる成長のために社長は孤独な存在になることを意識しましょう。

7　競争

午前十時のオールウェイズ・アサイン社。遅刻してくる社員がほとんどいなくなったオフィスでは、社員たち全員がすでに業務に就いていた。

ズラリと並べられたデスクを、キーボードを打つ音が包み込む。

どこかで電話が鳴れば、一コールでその場の誰かが応答し、すぐに担当者の内線に繋がれる。

春先のオールウェイズ・アサイン社のオフィスでは考えられなかった光景が、現実となっていた。秋も深まり、冬の気配すら感じさせるこの時期に、フロアはかつてない熱気に溢れている。


皆がせわしなく働くなか、静かな廊下を抜けた先にある社長室には二人の男の姿があった。

部屋に置かれたソファに、テーブルを挟んで若宮と安藤が向かい合って座っている。

「それでは、研修を始めます」

まだ暑さも本格的ではなかった季節から、すでに何度もオフィスに響いてきたその言葉は、今度は社員たちに向けてではなく、社長である若宮一人に発せられていた。

今日から、社長である若宮自身の識学研修が再度、開始されるのだ。

若宮は識学のマネージャー研修や全社研修を始める前に、安藤から一通りの経営者向けの研修を受けていたため、本来はもう研修を受ける必要はない。しかし先日、社長室で部下の相談に個別に乗っていたことを安藤に指摘され、「自分には、まだ識学の考えがしっかり身についていないのかもしれない」と反省し、安藤とも相談して、この機会に識学についてより深掘りしようということになったのだ。

全社研修で多忙を極める安藤だったが、若宮からの二度目の研修の申し出は快く受け入れた。むしろ、社長である若宮が識学の考えを完全に理解しないうちは、社員たちを教育することは難しいのだと言って、すぐに研修の日程を組んでくれた。

静かな社長室で若宮はソファに座り、全社研修を受ける社員たちと同じ真剣な表情で安藤の言葉に耳を傾けている。

「以前にもお話ししていますが、もう一度おさらいしていきましょう。まずは、ルールで組織運営をすること。ここに関しては、もう大丈夫ですよね?」

「はい。コミュニケーションの齟齬が生まれないよう、責任者がルールを明確にし、社員たちが迷わず行動できるようにする、ということですね」

安藤が復習を兼ねて質問すると、若宮は頷きながら答えた。

「そうです、完璧です。会社という組織に集まった、まったく違った環境で生きてきた多数の人間を束ねるには、そこに一定のルールが必要だ、という話でした」

しっかりと理解している若宮に感心した安藤は、彼の回答に頷くと続ける。

「では、『競争環境』についてはいかがですか？　覚えていらっしゃいますか？」

「競争環境、ですか……。すみません、ちゃんと覚えていないので、もう一度説明してもらえますか？」

素直に聞き返す若宮。彼のこの素直な性格は、若宮の最大の弱点にもなりうるが、最大の強みでもある。安藤もそれを理解して、評価していた。

人というのは、地位が上がるほど、財力を持つほど、横柄になり素直さを失う。初心を忘れないようにと言うのは簡単だが、実際の生活で常に自分を律し、他人の意見や新しい物事に素直に接し続けられるのは一握りの人だけだ。

識学という有効な改革案を提示されても、まだ実績がなかったそれを素直に自社に導入してみよう、という決断ができた経営者は多くない。

しかし若宮は、当初は渋っていたとはいえ、未知の存在である識学にしっかりと向き合い、部外者である安藤の意見にも耳を傾けてきた。それは、たとえ会社の業績が悪化し、藁にも縋りたい状況にあった、という事情があったにしても評価されるべきことだ。

安藤はそんなことを考えながら、改めて若宮に説明を始めた。

「わかりました。そうですね、今の若宮さんには、この考えが足りないかもしれない」

安藤はそう呟くと、メモ用紙に『競争環境』と書いて若宮に見せ、説明を始めた。

「競争環境を保つことは、会社の業績を伸ばすために不可欠です。

競争環境がある組織では、言い訳をする人間が激減します。社内での競争相手も同じ環境で必死に努力しているのですから、環境を言い訳にできなくなるからです。そして一人ひとりが言い訳をする感覚をなくし、業務に集中して取り組むようになれば、必然的に全体の業績も伸びます。

その競争環境を作るには、社員たちを、彼らの生み出した結果のみで評価することが大切です。

日本の会社では、結果だけでなく仕事に対する姿勢や、上司から気に入られているかどうかまでを含めて、総括的に評価することがあります。しかし、それでは純粋な評価や競争は生まれません。

総括的な評価と言えば聞こえはよいのですが、部下から見れば、それは上司の思いつきや恣意的な判断にすぎません。自分が何を基準に評価されているのかが曖昧になり、何を基準に競争してよいのかもわかりません。これではだめです。

社員が生んだ成果物にだけ焦点を当て、正しく評価し、社員同士を結果で比較する。そうした結果のみによる評価があるところに、正しい競争が生まれます。

先ほどの『ルールを厳守する』ことが社内の守りを固めることであるとすれば、『競争環境の構築と維持』は、業績を上げるための攻めの方策と言えるでしょう」

「社員の出した結果や成果物だけで評価して、お互いに競争させる……」

若宮は安藤の説明のうち大事な部分を繰り返す。

「そうです。今までの御社には、結果や成果によって社員を評価をする姿勢があまりにも足りなかった。ないわけではありませんでしたが、ほかの要素も評価の対象にしてしまっていた。成果だけで社員を評価してしまうと、できていない人を傷つけてしまう、という感覚が強かったのでしょう。しかし、楽しいだけの組織は数字を生みません」

安藤がもう一度説明している間、若宮はどこか虚ろな様子だった。

「若宮さん？　どうかしましたか？」

それに気がついた安藤が若宮に尋ねると、「すみません、なんでもありません」と首を振る。

しかし、その内心は「なんでもない」どころではなかった。


そのとき若宮の頭に浮かんでいたのは、佐伯の姿だ。

先日、若宮は佐伯に降格の辞令を告げた。オールウェイズ・アサイン社のなかでも相当の古株であり、執行役員でもあった彼を降格することは、簡単な決断ではなかった。

もしかすると、彼も元副社長の添田のように辞めてしまうかもしれない。

しかし、業績が低迷している彼を助けるのに、降格以外の方法は考えられなかったのだ。

佐伯は基本的には穏やかな性格をしているが、仕事の面では善くも悪くも多少粘着質なところがあり、野心家の顔も併せ持つ強かな男だ。

若宮はそんな佐伯の性格を理解していたから、降格という厳しい処分をきっかけに、持ち前の負けん気を発揮してきっと頑張ってくれると信じていた。しかし、信じていたとしても感情は揺れる。

すでに彼を降格させた今、自分がこれ以上ブレてはいけないと考え、安藤へもう一度マンツーマンの研修を提案した面もあったのだ。


若宮は少し間を置いて、安藤に尋ねる。

「競争もいいんですが、あまり厳しい環境に社員たちを置き続けると、また大量退社、なんてことにはならないですかね……？」

今までのオールウェイズ・アサイン社では、社員にとっての明確な競争環境は存在していなかったと言っていい。

営業部の成績発表会を行うなど、他社がやっているようなごくありふれた施策は行っていたし、もちろん評価には各社員の出した成果も一部反映させていたが、結果で社員同士を明確に比較するような状況を作るのを、若宮自身が避けていたのだ。

「公正なルールの下ではそれは起きません。むしろ、どんどん人が成長していきます。厳しい環境のなか、人もどんどん増えて、業績も上がっていきますよ。若宮さんは社長業に専念できるようになるはずです」

安藤は眉頭に少しシワを寄せながら答えた。公正なルールの下で行われる適正な競争。それが、彼の掲げる識学の理念だ。

安藤の言葉に、若宮は膝の上に置いた自分の手の甲を見下ろしながら、「そうですね。それが我が社のためだ」と力なく返した。

自らの命令ですでに佐伯を降格させている今、そもそもの競争環境の構築を否定すること自体が己のエゴなのかもしれない。佐伯を降格させた時点で、もう自らの手で競争を始めさせているのだ。

(俺はいつまで迷うつもりだ……)

頭を抱えそうになる若宮の心に、聞き慣れた声が響いた。

『お前のことは信じてる。自分の思う道を歩んで、お前がこの会社を救え』

それは、去って行った添田の言葉だった。

彼は自分が会社を辞めるときにも、若宮のことを信じてくれていた。

（俺も、いい加減に自分の選択を信じないとな……）

第一営業課長への降格を命じたときの、佐伯のショックを受けた顔が忘れられない。

けれど、彼の今後の復活と成長をサポートできるかは、これからの若宮の経営手腕にかかっている。

（社員のみんなが成長していけるような競争環境を作る。それが、今の俺のやるべきことだ）

そう考え、若宮はもう一度、顔を上げて安藤に正面から向き合った。

「わかりました。競争環境、作っていきます」

その若宮の宣言で、その日の研修が終わった。

＊　＊　＊

同日、午後七時。日が落ちると昼間とは比べ物にならないくらい室内が冷え込むため、夕方にはエアコンが全開でつけられ、オフィスはしっかりとあたためられていた。

「うわぁ。外、寒そうだなぁ。今年は雪降るのかなぁ？」

外気との温度差で白くなった窓に指で線を描きながら、男性社員が窓の外を眺めている。その後ろ姿を、美優はなんとなく見つめていた。たしかに、寒いなか帰るのはちょっと憂鬱だ。

定時も過ぎ、その日の仕事を終えた社員たちはそろそろ帰ろうと支度を始めている。

そんななか、その日のタスクをもう少しで全部終わらせられる、というところまできているのに、美優は暗い顔をしていた。

「社長、やっぱり返信してくれない……」

オフィスチェアに座り、膝に乗せたスマートフォンを人差し指で恨めしく小突きながら、大きなため息をつく。

広報課に異動して早数ヶ月。仕事も順調に覚えてきており、部のなかでも少しずつ役に立てていると実感するこのごろ。仕事にはやりがいがあるし、部内の先輩たちも優しくて、新しい職場に馴染めているのを実感していた。

急な異動にもちゃんと対応できている自分を褒めてあげたいし、誰かに褒めてももらいたい。以前のオルインなら飲み会で若宮に報告して、美味しいお酒を飲みながら存分に褒めてもらえただろうが、最近はそもそも若宮に会う機会がほとんどない。

若宮は、美優を含め社員たちと顔を合わせる機会を意図的に減らしていて、以前のように同じフロアで社員と雑談したり、帰りにみんなで飲みに行くなんてことは一切なくなっていた。

廊下ですれ違っても、軽く挨拶する程度で、笑顔もなしに去って行く若宮からは、かつての優しい社長の面影は消えている。

最初のうちは社員のみんなも若宮のことを心配していたが、安藤によって厳しく規定されたルールによって、用もなく社長室に出向いたり、上司と長々と談笑したりするようなことは禁止されたため、次第に社長の態度や行動について社員同士で話すことも少なくなっていた。

美優が送ったメッセージにも一切返信をしてくれない日々が続いている。数週間前に送った飲み会へのお誘いの連絡にも、結局返信はなく、美優のスマートフォンには会話の止まったメッセージ画面だけが虚しく表示されていた。

(返信どころか、既読すらつけてくれないのは、あんまりじゃないのかな)

美優が一人、唇を尖らせていると、後ろから「西村さん、ちょっといい?」と誰かに呼びかけられる。急に自分の名を呼ばれて、考え込んでいた美優が驚いて振り向くと、美優と同じくらいびっくりした顔をした上司の布施がいた。

「あれ? 驚かせた? ごめんね?」

美優を驚かせたことに申し訳なさそうな顔をする布施は、小さいころに読んだ童話に出てきた「くまのお父さん」を彷彿とさせた。

「いいえ! 私がぼーっとしていただけなので! どうかしましたか?」

「それがさ、この前の資料なんだけど……」

布施が何かを差し出す。

「あ、これ私が作った資料ですね」

それは広報課の新しいプロジェクトで使われる資料だった。

「そうそう。それがさ、ここと、それからここに不備があったから、直してほしいなと思って」

「ええ!? すみません！ すぐに直します！」

美優は自分のしでかしたミスに気がつき、慌てた。

昔から細かい作業は得意なほうで、学生のころのレポート作りも難なくこなすタイプだったので、広報の資料作りも得意分野と言ってよかった。だから、凡ミスをした自分に余計に腹が立った。

「大丈夫、大丈夫。すぐに直してくれれば問題ないから。それより……」

布施は急に心配そうな表情になった。

「西村さん、最近、大丈夫？ なんか落ち込んでいるように見えるし。あんまりこういうミスをするタイプじゃないから、心配になるよ。なんかあったら、いつでも相談してね。……おっと、これは識学的には、あんまりよくないのかな……」

布施が心配してくれたことが素直に嬉しく、美優は「なんでもないですよ」と首を振った。

「心配してくださって、ありがとうございます!! ミスはミスなので、ご迷惑おかけしてすみません。早急に直しますね！」

美優がニコリと笑うと、布施はパッと明るい顔になって、「じゃあ、よろしくね。くれぐれも無理をしないでね」と手を振って、その場を去って行った。

上司のふっくらとした後ろ姿が、彼が歩くのに合わせて左右に揺れながら遠ざかるのを見て、美優は妙な安心感を感じて心が和らいだ。

(布施さん、優しい人だな。正直、オルインでこれ以上働き続けるのはしんどいかもって思ってたけど、広報の仕事も楽しくなってきたし、もうちょっと頑張ろ)

美優は膝の上で見ていたスマートフォンの画面を暗くし、すぐに資料の修正作業に移った。

「社長が返信くれないなら、一人で飲みに行っちゃうもんねー。今日はパーッと飲もうっと」

自分を励ますために呟いた強がりは、誰の耳にも届いていない。

これから二度と若宮と飲みに行けなかったとしても、寂しく感じない自分になれるだろうか？

美優はそんなことを考えながら、パソコンの画面に向き合っていた。

＊　＊　＊

時は刻々と過ぎ、いつの間にか時計の針は午後十時を示していた。

オールウェイズ・アサイン社のオフィスには、もう誰もいなくなっていた。真っ暗になったオフィスの奥で、一室だけ電気のついたままの部屋がある。社長室だ。

若宮は一人で会社に残り、今後の経営の方針について考えながら、残っていた業務をこなしていたのだ。安藤が教えてくれた識学の考え方を会社全体に反映するには、これからもまだまだやらなければいけないことがある。社長である若宮が弱音を吐いている時間はなかった。

「もうこんな時間か……」

若宮は一通り仕事を終わらせると、壁にかかった時計を見ながらグーッと伸びをして、ズボンのポケットからスマートフォンを取り出した。

もともと作業中はほとんどスマホを見ないようにしているから、たくさんの通知が溜まっていた。そのなかには「西村美優」の文字も見えた。もう何週間も、彼女からの連絡に返信していない。きっと、なかばムキになって返信を待っているのだろう美優のことを考えると、心が痛まないわけではなかった。しかし、安藤の指示通りに会社を運営していくには、こうするほかはなかった。

若宮は気晴らしにデスクを立って、窓にかかったブラインドを開ける。

外はすっかり真っ暗で、窓の外で燦然と輝く街の明かりが眩しかった。

夜の明かりを見て、若宮はあの、毎日のように飲みに行っていた日々を思い出す。

まだ早朝でもあたたかかった春、泥酔して入ったファーストフード店で、店員に怒られた自分を思い出し、苦笑した。今の自分もまだまだだが、あのときの自分はもっと情けなくて、思い出すのも恥ずかしい。

「つい最近の話なのに、もう随分前のことように思えるな……」

若宮は独り言を呟きながら、深い呼吸をした。

あのころ、会社の業績は急激に悪化していたが、それでも社員たちと騒いで過ごす時間は楽しかった。

思い出はいつも輝いて見えて美しい。しかし、楽しいだけでは現状維持すらできず、会社は成り立たないという現実も、この半年ほどで嫌というほど思い知らされた。

会社も、社員も、そして自分も、常に変わり続けないといけないのだ。

その成長をリードしていくことが社長としての仕事なのだと、識学に、安藤に教えられたのだ。

「さて、あと少し頑張って、さっさと帰るか」

若宮は自分の頬をパチンと軽く叩き、デスクに座り直す。

窓にかかったブラインドは、なんとなく、開けたままにしていた。

【解説】――部下の「頑張っている姿」を褒めてはいけない

筋肉質な組織を作るには、適切な評価を行って健全な競争環境を用意することが必要です。精一杯努力して成果を出し、それが組織のなかで正しく評価される。これこそが、個々の社員が最大限の生産性を発揮するためのカギだからです。

ところで、その適切な評価をするには、まずはそれぞれの社員が何をすればいいのか、明確な目標を示すことが必要です。

「死ぬ気で頑張れ」とか「お前ならもっとやれる！」といった抽象的な指示では、部下たちはどの方向に努力をすればいいのかわかりません。できるだけ数字ベースで、達成できたかどうかが誰にでも明確にわかる目標を提示することが、上司に求められる第一の役割です。

その上で、一定の期間での成果を評価していくのですが、このとき評価のなかにプロセスの要素を入れるのはやめましょう。つまり、「彼は今回は結果を出せなかったが、彼なりにものすごく頑張っていたから、評価に少し下駄を履かせてやろう」といった、よくある手心を加えてはならないということです。

なぜプロセス評価がダメなのか？　それは、プロセスの評価をすると、どうしても評価が不公平になるからです。

結果だけではなくプロセスも評価する組織では、社員が成果の獲得ではなく、自分の評価者に「頑張っている姿」を見せることにばかり意識を向けるようになってしまいます。そうした組織で社員が身につけられるスキルは、「高い成果を上げる」ためのスキルではなく、「上司に頑張りをアピールする」ためのスキルであり、本質的な成長はできていません。

こうした状況では、適切な評価もできておらず、社員も上司へのアピールさえしておけば成果を上げる必要がなくなり、成果を上げている人間からすると馬鹿らしくなるので、成果を上げることに対する競争も起きないのです。

そうではなく、余計な人間関係や感情的な要素を排除して、評価を結果のみで行い、結果を出せば出しただけ評価される環境を作りましょう。

それを強く社員全員に意識させるためには、佐伯の例のように、結果を出せていない役職者をあえて降格処分にすることも、ときには必要です。

そうして健全な競争環境が整うと、社員が言い訳をせずに本気になって、成果の獲得に向かい始め、組織全体としても高い競争力を発揮するようになるのです。

8　刷新

寒さも本番を迎え始めた、十二月。木枯らしがオフィスの入っているビルに吹きつけ、窓の外からは風が鳴る高い音が聞こえてくる。仙台あたりでは遅めの初雪が降ったと、朝のニュースで報じられていたらしい。

今年も終盤に差し掛かっているからか、オールウェイズ・アサイン社では、どこか慌ただしさが感じられる日々が続いていた。

羽休めの週末が終わり、また新しい週が始まった月曜日の朝のことだ。

時計の針は午前九時前を指していた。いつもより少し早めに出勤した若宮は、久しぶりに社員の様子を見てみようと、今日も識学の全体研修が行われるはずの第二会議室へ向かっていた。

「まぁ、まだ誰もきていないだろうけど……」

会議室へ向かう廊下でそう独り言を呟いた若宮は、会議室後方の入口から目立たないように室内を覗いた瞬間、驚きのあまり声を上げそうになった。

（まだ、開始時間の十分前だぞ？）

会議室には、すでに社員たちがたくさん集まっていたのだ。しかも、ズラリと並んだ椅子に座る一人ひとりが、メモ用のノートやタブレットを持参し、静かに安藤を待っている。そのなかには、以前は識学の導入に強硬に反対していた数人の社員の姿まである。

(以前のうちの会社だったら、ありえない光景だな)

若宮はかつての会議の様子を思い出して、苦笑いした。

ほんの半年くらい前までのオールウェイズ・アサイン社では、会議に遅刻してくる社員は当たり前のようにいたし、会議中の議事録でさえ、雑なメモ程度のクオリティだった。それが、今は参加している皆が積極的に識学を学ぼうとしている姿勢が、会議室の光景を見るだけでありありとわかる。

若宮は社員たちと距離をとる意味もあって、安藤からの経営者向けの研修を個別で受けてきたから、以前行われていたマネージャー研修やその後の全社研修については、安藤から都度送られてくる報告書や口頭連絡でしか状況を把握していなかった。しかしこんなことなら、もっと早く見にきておいたらよかったと少し後悔する。

本来なら社員たちを集めて、一人ひとり褒めてやりたいくらいの気持ちなのだが、さすがにそれは憚られたので、ぐっと我慢して彼らの姿をじっと見つめていた。

「若宮さん、どうかしましたか？」

唐突に後ろから声をかけられ、若宮は「わぁっ」と小さな声を上げて仰け反った。

「あ、あぁ……安藤さんでしたか」

若宮の後ろに立っていたのは、研修を始めようと会議室にやってきた安藤だった。

驚く若宮に、安藤も厚いレンズの奥で目を丸くし、こちらを見ている。

「すみません。社員たちの様子が気になって、少し見ていただけなんです」

苦笑いを浮かべながら言う若宮に、安藤はいつもの無表情に戻って「そうでしたか」と淡白に答えた。

「うちの社員、変わりましたね。以前なら、こんなふうに研修時間の前から準備していることなんてなかったのに」

若宮が頭をかいてそう言うと、安藤も若宮と並んで入口から会議室を覗き込みながら頷いた。

「そうですね。会社組織においては、ルールを守り、規範を作っていくことがいかに重要か、私自身も思い知らされています。決まったルールは、習慣化されていくものですから」

安藤も何か学ぶことがあったのだろうか、真剣な表情だ。

その横顔をちらりと見ながら、若宮が尋ねた。

「安藤さん、今日だけ全社研修を見学してもいいですかね？　社員の様子が知りたいんです」

もちろん余計なことを喋ったりはしませんから、と慌てて付け加える若宮に対し、安藤は顎に手を当ててしばしの沈黙で応えた。

（一体、何を考えているのだろう？）

安藤は、いつも若宮の想定外のことを考えているし、そもそも考え方の根本がまるで違うので、若宮には今彼が何を考えているのか、まったく想像できなかった。

「だめ、ですかね？」

沈黙に耐えかねて、おずおずと安藤の様子をうかがう若宮に、安藤は一度頷いてから答える。

「いえ、いいですよ。今日はご覧ください。社員の方たちの成長を見ることが、今の若宮さんにとっては、必要なことかもしれないですから」

てっきり断られるかと考えていた若宮は、安藤の意外な返答を喜んだ。

「では、始めましょうか」と会議室へ入る安藤に、若宮もできるだけ気配を消すようにしてあとに続くと、会議室の後方の壁際に立った。

久々の社長の登場だ。社員たちのなかにも若宮の姿に気がついた者がいて、数名と目が合ったのだが、彼らはそうすることが暗黙の了解であるかのようにすぐに目をそらしてくれた。おかげで、若宮の存在は目立たずに済んだ。

若宮がほっと胸をなで下ろすのと同時にと、参加者全員の前に立った安藤が口を開いた。

「皆さん、おはようございます。本日も、どうぞよろしくお願いします」

安藤が挨拶をすると、社員たちが「よろしくお願いします」と息を揃えたかのような挨拶を返す。明るい声を出す彼らは、まだ朝早い時間帯なのになんとも溌剌としている。

(すごいな。あいつら、こんな顔もするのか)

爽やかな表情の社員たちを見て、若宮は再度驚いた。自分と頻繁に飲みに行っていたころは、二日酔いだったり、どこか疲れていたり、そもそもやる気がなかったりと、生気のない顔つきの社員も多かったのだが……。

(あいつらを喜ばせようとして、余計に疲れさせていたのは俺だったのかもな……)

若宮は社員の変化と、自分の今までの行動を照らし合わせて反省する。「理想の社長」を演じ、社員たちを喜ばせることで仕事へのやる気を引き出そうとするのは、逆効果だと言っていた安藤の言葉を、今本当の意味で理解できた気がした。

そんなことを考えていると、みんなは座っているのに、自分だけいつまでも後ろに立っていては余計に目立つかもしれないと思いつき、若宮は一番後ろの空いている席に座るため移動する。

そのとき、こちらを見つめる一人の社員と目が合ってしまった。相手は今一番会いたくない社員。いや、正しくは、会うともっとも気まずい社員。そう、西村美優だった。

彼女は、今後は社員とは親しく関わらないと方針を変えた若宮に、あえて何度も連絡をよこして心を揺り動かそうとする張本人。しかも若宮は、そんな彼女の連絡に一切合切、無視を決め込んでいる最中なのだ。

目が合った瞬間、「しまった」と焦る若宮だったが、急に視線をそらすのも変だからと考え、無理やりかすかな笑顔を作る。しかし、美優はそんな若宮の表情を見て顔を軽くしかめると、すぐに彼から目をそらした。

若宮はそんな美優の様子に、密かに心を痛めた。あんなに慕ってくれていた部下を、急に異動させ、その後は連絡への返事もしないでないがしろにしているのだ。良心が痛まないはずがない。

(失敗したな……)

若宮がそう思いながら椅子に腰を落としたところで、いよいよその日の研修が開始された。


「それでは皆さん、本日お教えするのはこちらです」

安藤がそう言いながら表示したモニターには、

『責任の所在を明らかにする』

と書かれていた。

映し出された文字を見て、会議室のどこかから「責任……」と小さな呟きが漏れた。

「皆さんは仕事において、自分にどのような責任があるのか理解されていますか？　本来、会社で業務をしている以上は、皆さん全員が何かしらの責任をお持ちになっているはずです。しかし、私が見てきた限り、この会社では責任の所在がどこにあるのかが不明確でした」

安藤が皆に向かって喋り始める。

その瞬間、会議室の誰もがまっすぐな視線を安藤に集中させていた。

若宮はすでに識学について一通り研修を受けているが、安藤の話は何度聞いても興味深い。

「組織のなかで、個人間の親交が深くなればなるほど、〝みんなで頑張ろう〟といった仲間意識が生まれ、責任の所在が曖昧になっていきます。それは、家族や友人の間ではいいかもしれませんが、組織のなかでは問題です。

責任の所在という一つのルールを決めることで、仕事に対する意識を変えていきましょう。ルールがあれば、何かトラブルが発生した際にも、リカバリーも効きやすくなります」

安藤は話を続ける。

「よくあるのが、責任のない立場の他部署の責任者が、別の部署に対して会議で意見をするという状況です。当然、自部署の責任を果たすための他部署への要求や意見であれば、いくらでも言ってよいのですが、評論家的に、自分の責任とまったく無関係なことを指摘するのはダメです。責任の所在が曖昧だからです。

そのような行為が横行していると、社員一人ひとりが、よかれと思って権限を超えた行動をとってしまうのです」

安藤の話を聞きながら、社員たちは必死になってメモをとっている。誰もが目と耳、そして指先に意識を集中させ、講義の内容を漏らさず吸収しようとしている。

時間をかけ、安藤は社員たちに「責任とは何か?」、そして「組織のなかでの位置と権限」について話して聞かせた。

若宮も学ぶことが多く、改めて安藤の提唱する識学の考え方に共感する。なにより、急速に変わりつつある社員の様子には驚かされるばかりだった。

そうして約一時間の研修が、本当にあっという間に終わった。


「それでは、皆さんお疲れさまでした。本日はこれで終了です。質問がある方は、いつでもお待ちしています」

安藤がそう言うと、皆が席を立ち、その日の担当業務を始める準備に取りかかる。何人かの社員は安藤の前で列を成し、順番に質問をしては何やら熱心に話し込んでいた。

若宮はそんな列をかき分けながら、安藤の近くに寄って耳もとに話しかけた。

「安藤さん、ありがとうございました。このあとの各部署の責任者を集めたミーティングは、十一時半からになります。お手数ですが、ご参加いただけますか?」

若宮の問いかけに、安藤は腕の時計を見る。時刻は十時半だ。

「わかりました。出席します」

短く返事をして、また社員たちとの会話に戻る。

するべきことを済ませ、社長室へ戻ろうとした若宮は、ふと視線を感じて振り返った。すると、会議室の後方にいた美優と、また目が合ってしまった。

美優は何か言いたげな顔をして若宮を見つめているが、若宮は『社員とは、距離をとってくださいね』と安藤に言われていることを思い出し、とっさに視線を外した。

（ここで西村と関わるのはまずい……）

社員の質問に答えながら、安藤が横目で鋭い視線を自分に向けているのを若宮は感じた。

（これも会社のためだ）

若宮は心を鬼にして、軽く奥歯を噛み締めると、足早に社長室へ向かった。


社長室のドアを閉めると、若宮はその場で座り込み、焦点の定まらない視線を天井に向けた。

（あぁ……最近、西村に悪いことをしてばかりだな）

美優が若宮に近づこうとすればするほど、若宮は不自然に彼女を避けなければならない状況になる。そうしなければならない現状に、ストレスを感じた。若さなのか、生来の気質なのか、真っ直ぐすぎる性格の彼女を避けることは、若宮にとっては難易度が高い。

すぐには気持ちが切り替わらない若宮は、その場で数分の間、天井を見上げ続け、首が疲れてきたところでデスクに戻った。

（あと少しでミーティングの時間だ。それまでにこのタスクくらいは終わらせておきたいよな）

そう思って、さまざまなタスクを書いてパソコンの端に貼りつけた付箋の一つを見ながら、今やるべき作業を進めていった。

＊　＊　＊

それから三十分ほど経ち、若宮は各部署の責任者を集めたミーティングに足を運んでいた。場所は第一会議室。その日の議題は、各部署からの成績の報告と今後の改善についてだ。

そろそろ年の瀬が近いことから、現在の会社の状況を、各部署の責任者らと一緒に確認しなければならない。

そもそも財前の件もある。識学を導入し、できるだけの努力はしてきたつもりだが、もしも会社の業績が好転していないのであれば、今後会社がどうなったとしても社員へ大きな迷惑をかけないよう、万一の際の対応も考えておかねばならない。今回のミーティングは、その重要な判断材料になるものだった。

経営に直接関わる重要な会議だから、安藤も呼んだのだ。


十一時二十分、若宮が席につくころには、安藤や各部署の部課長たちがすでに顔を揃えていた。会議室は綺麗に清掃されており、その場にいる全員の気も引き締まっているようだ。

「それじゃあ、始めようか」

若宮の開始の合図で、まずは第一営業課から報告を始めた。

「よろしくお願いします。第一営業課の今期第3四半期までの予想数字ですが……」

資料を配りながら、話し始めたのは佐伯だ。彼は営業部長から第一営業課長に降格された直後はひどく落ち込んだ様子で、その後はあまり若宮と顔を合わせようとしなかった。そのため若宮も心配していたのだが、そんな心配とは裏腹に、今日の佐伯はなんだか元気そうだ。

元気、と言うよりは「勇ましくなった」と言ったほうが、正しいかもしれない。

佐伯の様子をそれとなくうかがいながら、若宮は配られた資料をめくる。

「おぉ？　この数字、すごいじゃないか」

若宮は資料の内容に思わず声を上げた。

資料の数字を見るに、以前は日々の営業活動での成約率が目に見えて下がっていた第一営業課が、大幅に成績を回復させ、対前年比でも一〇〇%を大きく超えてきていたのだ。

若宮は思わず目を輝かせて佐伯を見る。

「佐伯、頑張ってるな。今回は、どうしてこんなにいい数字が出せたんだ?」

若宮が質問すると、佐伯は得意げな様子を見せるでもなく、淡々と答えた。

「はい。以前から安藤さんにご教授いただいている、識学の考え方を取り入れたことが何よりも結果につながったと思います。メンバーを結果だけで評価し、ルールを徹底する。それを続けるだけでも、十分な効果がありました」

佐伯のその言葉を聞いた安藤は、いつものように無表情のままだったが、席についたまま佐伯に向かって軽く頭を下げた。

若宮はその様子が嬉しくて、佐伯に労いの言葉をかけた。

「そうか。研修の内容をしっかりと役立ててくれているようでよかった。では、次の部署だな。第二営業課、続けて第三営業課も頼む」

「はい、第二営業課ですが……」

営業部門全体の報告を聞き終えた若宮は、思わず笑みを零した。

第一から第三までの営業課すべてで数字が確実に伸びており、また社員たちも、たしかな結果が出ていることに手応えを感じ、日々の仕事へのモチベーションも向上しているという。以前は成績発表のときに自信なさげに話していた課長らの顔も、今日はどこか明るかった。

議論もスムーズに進み、その場の誰もがやりがいを感じているらしい様子が、若宮にとってはこの上なく嬉しかった。

しかし、

「実は第三営業課のお客さまへの対応で、少々トラブルがありまして……」

営業数字の報告が終わり、その他の業務報告が行われる場面で、不意に不穏な空気が流れた。

「トラブル？　どんなトラブルだ？」

若宮が首をかしげる。

「それが、電話での商談の際に何人かのお客さまの機嫌を損ねてしまったようで、SNSに弊社に関するクレームを多数書かれてしまったのです……事実無根の、ただの悪口みたいなものもあって、会社のイメージにも影響を及ぼす可能性があるかと……申し訳ございません」

「そうか、そんなことが……」

心底申し訳なさそうに話す第三営業課の課長に、若宮はどう対応の指示を出そうかと悩んだ。

素直に問題を報告し、謝罪した社員に対して、頭ごなしに怒るのは意味がない。そんなことより、今現実に生じている問題への対応が重要だ。

（多少のクレームは仕方ないが、ＳＮＳに悪口を書かれるのは、やはり企業の印象としてはよくないな……とはいえ、どう対応すればいいのか）

若宮が考え込んで黙っていると、デザイン部の部長が割って入ってきた。

「せっかくみんなで作り上げてきた会社の印象を、電話一本で崩してしまうなんて、課長の監督責任をどう考えているんですかっ!?」

語気を強めて非難するデザイン部の部長に、若宮は「まあ、落ち着け」と声をかける。

身体が縮んでしまいそうなほどに頭を下げて、申し訳なさそうな顔をする第三営業課長は、「す、すみません……」と消え入るような声で答えた。

その様子を見て、デザイン部の部長は若宮の指示を無視してさらに畳みかける。

「ほんと、第三営業課はクレームが多い。そのはっきりしない態度が、お客さまの機嫌を損ねるんじゃないですかねえ」

嫌味たっぷりに言うデザイン部の部長は、「してやったり」と言わんばかりに第三営業課長を見ている。

（そんな言い方じゃあ、第三営業課の課長もますます恐縮しちまうだろうが……）

デザイン部の部長は仕事はできるが、ときに他の社員に強く当たる気性の荒さがあり、若宮もその点を以前から問題視していた。最前線で業務を回してくれるのはありがたいが、その生粋のプロ意識とプレイヤー思考は、ときどき周囲の人間を傷つけている。彼はそれを自覚していないのだ。そうして傷つけられて、若宮に泣きつく社員たちの相談に、これまでいくつも乗ってきていた。

また、彼の指摘は自分の業務とは関係のないところにまで及ぶことがしばしばで、その内容はいささか評論家的で的外れなことも多かった。ただ年齢も高く、社歴も長いので、周りも対処せざるをえないのが常だった。

「おい、それは……」

若宮はデザイン部の部長を叱責しようとしたが、隣から言葉を遮られた。

「口を挟むようで申し訳ございませんが、あなたは、どんな権限があって意見をなさっているんですか？」

苦言を呈したのは、若宮の隣に座る安藤だった。彼はいつも以上に厳しい表情を見せており、そんな顔で急に問われたデザイン部の部長は、うろたえた。

「それは、もちろん、この会社の一部長として、他部署にもアドバイスしようかと……」

彼は先ほどまで声を荒げていたのが嘘のように、急に声を小さくして答える。しかし、そんな理屈は安藤には通用しなかった。

「朝の研修でもお話ししましたが、各部署の責任はその部署の長にあります。デザイン部の部長のあなたに、第三営業課の業務についてあれこれ口を出す権限はありませんよ」

眼光鋭く見つめる安藤に、デザイン部の部長は蛇に睨まれたカエルのようになって冷や汗をかいている。

「で、でも、社内では部署関係なくやっていこうと、前に社長が……」

彼は助けを求めるように若宮に視線を送ったが、若宮はゆっくりと首を振った。

「以前はそうだったかもしれない。でも、これからは識学に従ってくれ」

若宮は迷うことなく、はっきりとそう答えた。社長からの助け舟は期待できそうにないとわかると、デザイン部長はうつむいて、「申し訳ございません」と小さく言いながら、席に座った。

デザイン部の彼を落ち込ませようというわけではないが、普段の彼の行動を考えると、これくらいの釘を刺しておくことも必要だろう。

しばし会議室内に気まずい空気が流れるが、若宮は会議の進行を止めないよう、ほかの部署の部課長に続けての報告を促した。そして、若宮は佐伯をチラリと見る。

デザイン部の部長と安藤とのやり取りを見ていた佐伯は、安藤の言葉に自省するように何度も頷いていた。彼にとっても思い当たる節があったのだろう。

佐伯も、自分の仕事でうまくいかないことがあると部下にあたる癖があった。その悪癖を自覚しているのか・いないのかはわからないが、今のように真剣に識学を学んでいるのであれば、悪い癖を自分で矯正するのも時間の問題だろう。

安藤の苦言のおかげもあってか、その後の議論では各自の権限を超えた発言などはまったくなく、滞りなく予定されていた議題がすべて終了した。

「じゃあ、みんな、今日の会議はここまでだ。営業部以外の部署も頑張ってくれているようでよかった。この調子で今年いっぱいを乗りきって、いいペースのまま新年を迎えてほしい」

そして、若宮は少し言いにくそうに話を続けた。

「以前に話した会社の行く末についてだが、みんなが頑張ってくれているおかげで、どうにかなりそうな兆しがある。急に導入した識学で、みんなを驚かせてすまなかった。けれど、俺一人の力ではこの会社は救えない。これからも、みんなの力が必要なんだ」

若宮はその場にいる一人ひとりと視線を合わせる。

まだ油断ならないが、このままみんなで頑張れば、会社はきっと救える。

自分だけで頑張ろうとするのではなく、社員を信頼し、それぞれの役職に合わせて仕事を託さなければいけないのだ。

安藤に何度も言われた「必要以上に社員に干渉するな」という言葉は、そういう意味だったのだと、今にして若宮は理解した。

社長である若宮の真剣な顔に、各部署の責任者たちも頷き返し、その後に隣同士でも顔を見合わせては頷き合う。

かつての楽しかった日々以上に、全員の絆が強くなっているように感じた。

「じゃあ、みんな業務に戻ってくれ。今日は集まってくれてありがとう」

若宮のその言葉で、その日のミーティングは終了した。


「ああ、佐伯、ちょっと」

ミーティングが終わり、皆が急いで自分のデスクに戻ろうとしているところ、若宮が佐伯を呼び止めた。

「どうかしましたか?」

不思議そうな顔で振り向いた佐伯に、若宮は聞きにくそうに尋ねる。

「いや、最近、仕事はどうかと思ってな」

数ヶ月前に降格させて以降、彼はどうしているのか、ずっと気がかりだったのだ。

「そうですね……降格されて最初は落ち込みましたが、今では社長があしてくれて、よかったと思っています。あのまま執行役員の営業部長でいたら、僕は変わらなかったでしょうから。

今じゃ仕事はもちろん、識学の考え方を家庭でも使っていましてね。娘が受験生なんですけど、結構、成績も上がって喜んでいるんです」

嬉しそうに話す佐伯からは、以前は感じられたピリついた雰囲気や、影のある印象がなくなっていた。

佐伯が穏やか話す様子に接して、若宮は心底安心した。「そうか、よかった。娘さんにも、よろしく伝えておいてくれよ」

「はい！　社長、本当にありがとうございます」

率直に感謝してくる部下に、若宮は少し照れくさくなる。

どうやら、自分の選択は間違っていなかったらしい。部下を遠ざけたり、ときには無視したりする毎日だったが、若宮が管理しなくても、彼らは自ら立派に成長してくれていた。

「じゃあ、今日も頑張ってくれ」

若宮の言葉に、佐伯は「はい」と返事を残し、その場を去って行った。

（よかったな、佐伯）

若宮は佐伯の後ろ姿を見つめながら、心の底から安堵する。

ところが、そんな若宮の耳に、あまり聞きたくない報告が入ってきた。

「あのぅ、若宮社長、お客さまがいらっしゃっていますが……」

そう言いながら会議室に入ってきたのは、まだ入社したばかりの女性社員だ。

今日は来客の予定はなかったはずだが、もしかすると、クライアントの誰かがノーアポで来訪したのだろうか？

「おお、そうか、ありがとう。お客さまのお名前は？」

若宮はにこやかに聞いた。

すると女性社員は、

「ええ、と、東京すばる銀行の財前さんという方です」

と思い出しながら答えるのだ。

「え!?」

若宮はその名を聞いて、一瞬固まった。せっかく気分よく午後の仕事に取りかかれるはずだったのに、あろうことか今は顔も見たくない人物の来訪である。今日会社にくるという連絡ももらっていない。

「あの、どうされますか？」

若宮が何も答えずに顔をしかめているのを見て、内気そうな女性社員は不安そうに尋ねる。

「あ！　ああ、そうだな、社長室にお通ししてくれ。あと、お茶も頼む」

とどうにか平静を装って、彼女に指示を出す。

（なんでこのタイミングであいつに会わなきゃいけないんだよ）

そう愚痴りたくなるのを抑えて、若宮は財前の待つ社長室へ足取り重く歩き出した。

ガチャリ、といつもよりずっと重く感じられるドアを開けると、財前はソファに悠然と座り、お茶を啜っていた。

「ああ、若宮さん。突然やってきてしまい、すみません」

財前は若宮に気づくと、茶碗をテーブルに置いて立ち上がり、挨拶をした。

（すみません、なんて絶対思ってないだろう、あんたは）

内心では毒舌をつきながら、若宮はできる限り爽やかな笑顔を意識的に作る。

「財前さん、お世話になっています。突然なんて、とんでもないですよ。お忙しいなか、当社まで足を運んでくださってありがとうございます。それで、今日は何かございましたか？」

「それが、今日はちょうど新しい仕事で五反田に寄ることになりましてね。せっかくだから、オールウェイズ・アサイン社さんにもご挨拶をしなくては、と思いまして」

態度だけは丁寧に、明るく応対する若宮に、財前も柔らかい物腰で話す。要は、最近のオールウェイズ・アサイン社の様子を偵察しにきたということだろう。

財前は、ワックスでピッタリと固めた自分の前髪を軽くなでつけながら、「若宮さんは、お元気でしたか？」と白々しく若宮の様子を尋ねてくる。その仕草に妙に腹が立った。

「そうでしたか。おかげさまで、元気ですよ。会社の業績も順調です」

先手を打ってやろうと、ゆっくりソファに腰掛けながら若宮があえて余裕を見せるような発言をすると、財前は再び茶碗に伸ばしていた手を止め、ピクリと眉を動かして若宮を見た。

「へぇ、順調なんですね？　それはよかった」

貼りつけたような笑顔で探りを入れる財前に、若宮はさらに畳みかける。

「ええ、財前さんがハッパをかけてくださったおかげですよ！」

若宮がそう言うと、財前はズズズと茶碗に入っていたお茶を飲み干した。

「それは何よりだ。以前お話されていたコンサルタントのおかげですかねえ？　ああいうのは、詐欺師みたいなのも多いから、ちょっと心配していたんですよ？　若宮さん、騙されていないかと、ね？」

一転、笑みを消して蛇のような目つきで若宮をねめつけながら言った財前だが、若宮は少しもうろたえない。今の彼には、信頼できる仲間がいるのだ。

「ええ、コンサルタントの彼は優秀ですから、実際、頭が上がりませんよ。今後も、うちの会社のことはご心配なく」

若宮はそう言って、財前を軽く睨み返した。

「……そうですか。まあ、大丈夫と言っている会社ほど、崩れるときはあっという間に崩れる、なんてこともよくありますからね。オールウェイズ・アサイン社さんも、くれぐれもお気をつけて。

先日のお話、お忘れではありませんよね？　来期までに、御社の業績が我々の求める水準に達しなければ、以前お話しした通り、今後の融資はできませんから」

財前は言いたいことを告げると、これ以上話すことはないとでも言うように、「それでは、本日はこれで」とソファを立った。

「本日はわざわざご足労いただいて、ありがとうございました。また期末になりましたら、ご連絡しますので」

若宮も、社長室を出ようとする財前に挨拶の言葉を口にし、彼を見送る。

「失礼します」という財前の言葉と同時に扉が閉まると、若宮は落ちるようにソファに腰を下ろした。

「はぁ～よかった。今日は大丈夫だったぞ」

そう零しながら、若宮は緊張で固くなった首をぐるりと大きく回した。オールウェイズ・アサイン社の業績は上向いてきたとはいえ、会社なんていくら潰れてもいいと思っている財前のような人物に接するのは、それなりに疲れる。

「みんなが頑張ってくれてるおかげで、会社もよくなってきているからな。成長に拍車をかけるためにも、どうにか今期を乗りきるぞ」

そう自分を励ます若宮だった。

＊　＊　＊

そのころ、美優は自分のデスクの前で悩みに悩んでいた。

「あああ、もう、どうしよう？」

連絡を返してくれない若宮と、安藤の指導によって確実に変わりつつあるオールウェイズ・アサイン社。いまだに識学嫌いの美優にとっては、どちらも受け入れがたい状況だ。

（このまま識学が続くんなら、もう、会社辞めちゃおうかな……）

もはや彼女は、退職まで考えていた。仕事用に持ち歩いているカバンのなかには、いつでも出せるようにと退職届も用意してある。

時刻は午後七時を過ぎ、オフィスからは少しずつ人が減っている。普段の美優ならば仕事を終えて、友人の由樹奈と飲みに行くか、すでに帰路についている時間帯だが、今日は会社の状況と自分の進むべき路を考えるあまり、仕事が手につかず、定時内に終えられなかったタスクの処理に追われていた。

（前はすぐに社長に相談できたのに、どうしてこんなことになっちゃったんだろうな）

このところ、過去のことばかり振り返っては感傷に浸ってしまう。それがほとんど癖のようになっていた。

識学で社内が変わりつつあるのもわかっているし、それによって会社が存続するなら、識学を続けていくのに越したことはない。しかし、短大卒業と同時に入社し、すでに四年近くも勤めているこの会社には思い入れがある。特に社長の若宮には、親鳥を追いかける雛が抱くような、そんな信頼すら抱いていたのだ。

それが、いきなり現れた安藤に、急に自分の居場所を奪われた。そんな気持ちを拭えなかった。

(こんな考え、子ども染みているのはわかっているんだけどさ)

卒業すれば、会社に入って働き始めれば、もう立派な大人になれるのだとずっと思っていたのに。今の自分は、過去の自分が憧れていた「カッコいい大人」とはかけ離れていると気づくたびに、余計に落ち込む。

こんな気持ちでは仕事の効率が上がるわけもなく、その日のタスクをなんとかやり終えたころには、時計は午後八時近くを示していた。

「あーあ、帰るか……」

美優がデスクを立って、大きく伸びをする。凝った肩からパキパキと音がして、自分の身体に溜まった疲労を感じた。

「私、まだ若いんだからぁ、肩こりなんて嫌だよ」

自分を元気づけるため、あえてふざけた口調で独り言を呟いていると、ふと人の気配を感じた。まだ誰かが残っているのだろうか？　気配を感じた廊下のほうに視線を移すと、見慣れた人影が目に入る。

（しゃ、社長だ……!!）

そこにいたのは、美優が話したくてたまらなかった若宮だった。

久しぶりに見るその姿は以前より少し痩せて見えて、そしてどこか疲れているように感じた。

「若宮社長!!」

美優は思わず声を張り上げて、若宮を呼び止める。

仕事を終えて帰宅しようとしていた若宮は、美優の大声にぎょっとして振り返りそうになったが、半身の状態で動きをぐっと押し留めた。

（いかん、今は西村と関わっちゃいけないんだ）

呼びかけが聞こえないふりをして立ち去ろうとする若宮に、美優は負けじとさらに大声で声をかける。

「若宮社長!!　無視しないでください!!　若宮社長!!」

美優の必死な声に根負けし、

（さすがにもう、無視するわけにもいかないか）

と若宮がゆっくり振り返ると、泣きそうな顔をしてこちらを見つめる部下が立っていた。

「西村、どうした？」

若宮が冷たい態度を装いながら聞くと、美優は眉間にシワを寄せた泣きそうな表情のまま、ずんずんと近づいてくる。

「どうしたもこうしたもないですよ‼　メッセージには返信してくれないし、今だって無視しようとしましたよね⁉」

美優は一息に言うと、荒くなった息を整え、若宮の目をまっすぐ見つめ直した。

「お話がしたいです。お時間いただけますか」

丁寧に、しかし有無を言わさぬ口調で言う美優。

部下と二人きりで話したりしたのを知られたら、きっとまた安藤にとやかく言われるだろうと若宮は思ったが、目に涙を溜めてこちらを見上げる部下の姿を見て、断れるはずもない。

「わかった」

そう短く答えながら、若宮は頷いた。

＊　＊　＊

数分後、二人はオフィス近くのカフェにいた。

駅のほど近くにあるこの店は夜遅くまで営業しているチェーン店で、若宮も仕事終わりに考え事をしたいときによく訪れるなど、重宝していた。

（ここに部下とくるのは初めてだな）

若宮はそんなことをぼんやり考えていた。時刻はすでに午後九時を回ろうとしているから、こんな時間に入れる店は居酒屋かファミレス以外ではここしか思いつかなかった。

彼の前には淹れたてのホットコーヒーが二つ。そして、思いつめた表情の美優がいる。

「どうした。話ってなんだ？」

若宮は感情を挟まないよう用心しながら、うつむく美優に声をかけた。

美優はすぐに答えようとはせず、少しの間、黙ったままだったが、やがて顔を上げると若宮を睨みつけるようにして言った。

「社長、今までなんだったんですか？　安藤さんがやってきたあの日から、連絡も返してくれないし、会社で声をかけても余所余所しくあしらって。識学だって、いきなり使い出したかと思ったら、安藤さんがどんどん厳しくなって。そしたら、会社への融資がどうとかって話も急に知って、会社がどんどん、どんどん変わっていって……」

息をつく暇もなく、まとまらない話をまくし立てるように話す美優の声は、震えていた。

きっと彼女なりにいろいろと考え、悩んだ結果、こんなふうに感情が溢れだしてきているのだろう。美優の様子を見ながら、若宮はそう思った。

「私、会社を辞めようかとも思いました。でも、私は会社が好きだから、社長や先輩たちのことも尊敬しているから、辞められなくて……」

とぎれとぎれに話す彼女の言葉からは、美優がこれまでどれだけ悩んできたのかがひしひしと伝わってきた。震える声に、若宮は心が痛んだ。

「西村、落ち着いて聞いてくれ」

ここで自分が感情的になれば、目の前の彼女を余計に不安にさせるだろう。若宮は少なからず動揺する自分の心を必死で整えてから、冷静に語りかけた。

美優は喋るのをやめ、涙目で若宮の顔を見つめる。美優が話を聞く態勢になっていることを確認してから、若宮ははっきりとした声を意識して出し、話し始めた。

「俺は社長だ。俺が、オールウェイズ・アサイン社のＣＥＯなんだ。だから、俺には会社を建て直す責任がある。たしかに、社員は何人も辞めて行った。今でも不満を持ってるやつはいるだろう。だけどな、今の会社には変革が必要なんだ。識学が、必要なんだ」

そう話す若宮の顔は真剣だった。

いや、若宮はいつだって真剣だったはずだ。会社を守り、社員たちを守ってきた。

社員思いの彼が、大量退職騒動が起こったときや、社員と距離を置くことに苦しまなかったはずがない。

それなのに、自分は……。

(わかってた。私、わかってたはずなのに。社長は、いつだって私たち社員に対して誠実だってこと。だからこそ私は、社長を信じて、ここまでやってこれたはずなのに……)

美優は、変化を嫌うあまり、若宮の気持ちや状況を考えず、意固地になって識学に反発し続けてきた自分が急に恥ずかしくなった。

美優はうつむいてしまうが、若宮は言葉を続ける。

「俺に守らせてくれ。会社を、社員を、そして西村、君もだ。俺はそのためだったら、どんなことだってしたいんだ」

その言葉を聞いて、美優は気持ちが少しずつ切り替わっていくのを感じた。

『守りたい』。こんなにも力強く、そう言ってくれる上司がほかにいるだろうか。

美優はコーヒーのカップに手を伸ばす。もう冷めかけているコーヒーをグッと一口で飲み干すと、息を一つ深く吸い込み、ゆっくりと吐いた。

言葉を間違えないように、そして、今の気持ちをちゃんと伝えられるように。美優はそう考えながら口を開く。

「社長、ごめんなさい。私、いろいろ誤解してました。それに、間違ってました。……社長を信じます。信じさせてください」

そう言った美優の声は、もう震えていなかった。

（私は、若宮社長を信じなきゃいけなかったんだ。社長が信じる、識学のことも）

空になったコーヒーカップの内側が、壁のランプの光を反射して輝いていた。

夜は音を立てずに深まっていく。カフェの窓から見える外の世界は、どこか慌ただしく見えるが、二人の間には心地よい沈黙の時間が流れていた。

＊　＊　＊

翌朝、美優はいつもより早めに出社していた。安藤と直接、話をするためだ。

昨夜、カフェで聞いた若宮の言葉を、美優は自宅に帰ってからも何度も思い出し、繰り返し考えてみた。そのせいか今朝は早く目が覚めてしまったので、こうして早く出社したのだ。

（若宮社長の気持ちはわかったけど、安藤さんからもちゃんと話を聞いてみたい）

若宮と直接話したことで、彼や会社に対する不信感は払拭できた。しかし、美優はまだ、安藤という人間をよく理解できていない。オフィスにいるときはいつも忙しそうにしているし、誰も寄せつけまいとする独特の雰囲気があるので、これまで面と向かって話す機会もほとんどなかったのだ。

しかし、安藤がいつも誰より早く出社して、一人で作業をしているのを美優は知っていた。彼ときちんと話すチャンスがあるとすれば、この時間しかないだろう。

（このまま、モヤモヤした気持ちのままでいたくないもんね）

そう思いながら美優がフロアのドアを開けると、予想通り、自分のデスクで難しい顔をしている安藤の姿が見えた。

「安藤さん！　おはようございます！」

フロアにまだ誰もいないのをいいことに、美優が大きな声で挨拶をすると、作業に集中していたであろう安藤の肩がビクリと飛び上がる。美優に驚かせるつもりはなかったのだが、これくらいの勢いがないと、安藤に話しかける勇気が出ない。

「あ、あぁ、おはようございます、西村さん。今日は、随分と元気がよろしいのですね」

驚いた様子の安藤が、オフィスチェアに座った身体をぐるりと美優のほうに向けた。

美優はそんな安藤の顔を見て、なぜだかすごく緊張し始めた。

「あ、あの、私、安藤さんにお聞きしたくて……」

さっきの元気はどこへいったのか、美優は舌っ足らずな言葉遣いで安藤に話しかけた。

「そうですか。なんですか？」

緊張のあまり固くなっている美優を不思議そうに見ながら、安藤は尋ねる。

（なんて伝えればいいんだろう？）

安藤と直接対決だ！　と意気込んできたものの、何を話すべきかはあまり考えていなかった美優は、自分を見る安藤の視線に焦り、何か話さなければと、今感じていることをとにかくそのまま話すことにした。

「あ、あの、私は識学について、まだ納得がいっていなくて。なんで社長やみんなが識学を信頼し始めているんだろう？　とか、結局どういうものなんだろう？　とか、そういうことを考えるとモヤモヤして……正直、今まで識学には反発ばかりしてきたんですけど、若宮社長とか、ほかの先輩の話を聞いてみても、このまま反発しているばかりじゃダメなのかなーって思って……」

言葉を絞り出すようにして、自分の気持ちと考えをなんとか伝えようとする美優の話を、安藤は急かすことなく頷きながら聞いた。

（なんと言うか、この西村さんという方は、若宮さんと似ているな）

安藤は話す美優の姿を見ながら、そんなことを考えていた。

素直でまっすぐで、それでいて周りとの調和をとろうと一生懸命な美優の性質は、安藤が若宮を評価している部分と、どこか共通して見える。

「好き嫌いは別として、識学について知りたいと思っていただけたのは嬉しいことです。そうですね……」

安藤は、新しい道を必死で切り拓こうとしている目の前の彼女の助けになれることが何かないかとしばらく考えてから、口を開いた。

「これはあくまで提案なのですが、西村さんは今、何か達成したい目標や夢がありますか？」

「えっ、目標、ですか？」

何を言われるかと思えば、突然、自分の目標や夢があるかと聞かれて、美優は驚いた。

「はい、長期的な目標でもいいですし、短期的なものでもかまいません。ただ、できるだけ結果がわかりやすいものがいいですかね」

「結果がわかりやすい目標ですか？　う〜ん」

急に言われても、そんなもの思い当たらない。しかし、これが安藤との会話の糸口になるのならと思い、美優はその場で少し考える。すると、ふとあるものを思い出した。

「あ！　これ！　これが目標です！」

美優は肩にかけていたトートバッグをガサゴソとかき回すと、冊子のようなものを取りだした。

安藤はその冊子に書いてある文字を読み上げる。

「韓国語のレッスン、ですか？」

美優は頷いて説明を始めた。

「そうなんです。最近、動画配信のサービスを契約したんですけど、そのなかにあった韓流ドラマにハマってしまって。最初は日本語の吹き替えで観ていたんですけど、だんだん俳優さんたちの実際の声も聞いてみたくなって、日本語の字幕に切り替えて観てみたんです。そしたら、字幕と照らし合わせながら音声を聞いているうちに、韓国語を勉強してみたくなって。それで、通信講座を受けてみることにしたんですけど、教材が届いたら思ったより量が多くて、やる気をなくしちゃって……」

美優はそう言いながら、手に持った冊子をパラパラと開く。

「なるほど。その教材が、今西村さんが持っているそれというわけですね？」

「はい」

安藤は美優から冊子を受け取り、ページをめくりながらしばし考え込む。

「約八十ページですか。たしかに、少なくない量ですね」

「そうなんです。これを一ヶ月後には提出しなきゃいけないらしくて、やらないと支払った料金がもったいないなーとは思ってるんですけど、どうにも手がつけられなくて」

そう言いながら、もじもじと両手を絡ませる美優。

そんな彼女に、安藤は改めて提案をした。

「では、その勉強に識学を使ってみませんか？」

「識学を、ですか？　識学って、韓国語の勉強にも使えるものなんですか？」

首をかしげる美優に、安藤は説明する。

「もちろん使えますよ。識学はそんなに難しいものではありません。この場合では、目標達成に向けたプログラムだと考えてください。会社で使っているものは、それをビジネス向けに応用したものなんです」

安藤の説明に、美優は初めて識学に対する興味が出てきた。

（目標達成、か。それなら私にもできるかな）

「使ってみたいです！　識学！」

明るく答える美優に、安藤は彼にしては珍しく優しい笑顔で応じる。

「わかりました。では、せっかくなので、ここでスケジュールを組みましょう」

「え!?　ここでですか!?」

てっきり、時間をかけて自分で予定を作っていくものだと思っていた美優は目を丸くした。

「はい。早く作らないと、期日に間に合わないですからね」

そう言って、安藤はスマートフォンに入っているカレンダーアプリを見ながら、美優へのヒアリングを始めた。

「提出期日は三十日後ということですから、一日に三ページやると決めましょう。西村さん、就寝時間はだいたい何時くらいですか？」

「うーん、夜の十二時くらいですかね」

「なるほど。では寝る前の一時間を使いましょう。午後十一時には机に向かって、毎日必ず三ページ、教材をこなしてください」

美優と会話をしながら、安藤はあっという間に彼女の勉強スケジュールを組み立てていき、それを表計算ソフトでパソコンに打ち込んでいく。勉強するときのちょっとしたコツやルールなども合わせて書き込んでくれているらしく、美優はその親切さに驚いた。

（安藤さんって、ただ厳しいだけの人だと思ってたけど、実際に喋ってみると、全然そんなことないな……）

相手を表面ばかりで判断していた自分に気がつき、ちょっと反省する。

そんな美優の様子には気づかず、安藤はパソコンで入力した美優の勉強スケジュールをその場で印刷し、一枚のプリントを彼女に手渡す。

「では、これの通りに勉強してみてください」

美優は安藤から受け取ったスケジュールの内容を確認すると、一点、不安なことを発見して恐る恐る尋ねてみる。

「あの、安藤さん、これだと私、毎日勉強することになりませんか？」

「それは、もちろんそうですよ」

安藤がさも当然という顔をしているので、美優はびっくりして言う。

「ええっ!?　だって、あと一ヶ月ということは年末年始も入るんですよ!?　お正月くらい遊んで過ごしたっていいじゃないですかぁ……」

お正月の休みくらいは勉強を休もうと思っていた美優は、安藤の作ったスケジュールに早くも不満を漏らす。安藤のことだからと多少厳しいことを言われるのは予測していたものの、まさかここまでとは。

肩をすぼめる美優に、安藤はいつもの厳しい表情になって言う。

「人間とは習慣の生き物なんですよ、西村さん。お正月だからといって休んでいては、いつまでも習慣が出来上がりません。識学の基礎の一つとして、規律を守ることであらゆる環境を効率的かつ合理的なものにする、という考え方を何度もお話ししてきたはずです。

それに、語学は日々の積み重ねが大事なわけですから、せっかく買った教材ならそのくらいは頑張ってみてはいかがですか？」

安藤のあまりの正論に、美優は返す言葉も見つからない。そんな美優に安藤はさらに追い打ちをかける。

「あ、それと、毎週日曜日には、その週にやらないといけないページ数に対して、どれだけできたのかを私にメールで報告するようにしてください。特に私から返信はしません。でも、決めたことをちゃんとできているのかを、定期的に誰かから見られているというのが大切なんです」

（ぐっ……この人、やっぱりスパルタだ……）

厳しい人だと知っていたはずなのに、いつもより優しい安藤に油断して、勉強スケジュールなんてものを立ててもらった十数分前の自分に後悔する気持ちがないわけではなかった。しかし、せっかくなので、この際本腰を入れて勉強してみるのもいいだろう。

「わ、わかりましたよぅ。ありがとうございます。これで、頑張ってみます」

美優が仕方なしにそう答えると、安藤もうんうんと頷きながら、

「頑張ってください。大丈夫ですよ、西村さんなら、きっと達成できますから。応援しています」

と美優を励ましてくれた。

*　*　*

安藤と直接話して、自分の気持ちに決着をつけようと思ってきたはずなのに、なぜか韓国語の勉強の話をしていて、勉強のスケジュール表まで作ってもらった。

美優は自分のデスクに座ると、手に持ったスケジュール表を見ながら安藤の顔を思い出した。

（あの人、案外悪い人じゃないっていうか、ただ本当に真面目な人なんだろうな。こんなふうに急にやってきた私の相談に乗ってくれて、スケジュール表まで作ってくれるし。……なんか誤解してたのかも）

目の敵にしていた安藤の新しい一面を知った美優は、すっきりしたような、どこか納得がいったような不思議な気持ちで、その日の始業時間を迎えるのだった。

【解説】――管理職は他部署のやり方に口を出さない

社長が直属の部下以外とは距離を置くべきなのと同様に、組織内で部長や課長といった管理職の立場にある人は、自分の責任範囲以外の仕事に安易に口を出さないように注意しなくてはなりません。

例えば、今は異動して別の業務を担当している人が、異動前の業務を現に担当している同僚に対して、アドバイスを求められてもいないのに過去の経験から意見するようなことも厳に慎みましょう。無責任な立場から意見をするのは簡単ですし、気分がいいものですが、今の責任者はあなたではないのですから、アドバイスは求められてからすべきものです。

あるいは自分の直属の部下ではない、別の部署の後輩から相談を持ちかけられるようなことも組織ではよくありますが、こうした相談に気軽に応じるのもあまりよくありません。最悪なのは、直属ではない部下から、その部下の直属の上司についての愚痴を聞かされて、「たしかにアイツはそういうところがあるからな。でも、俺は君のいいところを理解しているよ。君はそのままでいいよ」などと、無責任な立場で部下からの心理的な承認・報酬を受けつつ、他部署のやり方にケチをつけるようなことを言ってしまうことです。

こうした行動に共通するのは、組織内で自分が結果責任を負っていない事柄に、無責任な立場から気軽にアドバイス的なことを述べて、それで自分の価値を高めた気になっていることです。

こうした無責任な立場からの横やりは、言われた部署の管理職には「今の現場の細かい事情をわかっていないし、結果になんの責任も負っていないくせに……」と反感を持たれやすいので、組織のマネジメントレベルでのチームワークを害しやすいものです。

また、他部署の後輩への無責任なアドバイスは、その後輩に「自分の直属の上司の言うことは、重視しなくてもいいのだ」という危険な錯覚を抱かせます。指揮命令系統の目詰まりにつながるほか、その後輩自身にとっても、本来もっとも重視すべき「直属の上司からの評価」を軽視させてしまうという、非常に大きな悪影響があります。

他部署のしていることに対して、もし何か気づいたことがあったり、修正したほうがよいと思われる事柄があったりした場合には、その部署の担当者に直接言うのではなく、自分の一つ上の上司に報告して、正規の指揮命令系統を通してアドバイスしてもらうとか、自分との意見交換の場を作るよう指示してもらう、というように対応するのがいいでしょう。

自分が責任を負っておらず、権限も持っていない分野へのアプローチとは、それくらい気を遣いながら行なうべきものだと認識してください。

9　結果

「明けまして、おめでとうございまーーす‼」

美優の明るい声がオールウェイズ・アサイン社に響く、一月。

怒涛の十二月を終え、社員たちは年末年始の休暇を思い思いに楽しんで、一年間溜まった疲れを癒やした。美優も久しぶりに実家に帰省し、お正月休みを楽しみながら、友人の由樹奈と一緒に初売りのバーゲンセールに行ったり、スノーボードをしに行ったりと、楽しみ盛りだくさんの日々を過ごして、大満足だ。

もちろんその間にも、安藤に作ってもらった韓国語の勉強スケジュールの通りに教材を進め、残りのページもあと少し。

いつもなら年末年始はぐうたらとダラけてばかりで、毎年お正月太りするのがもはや恒例となっていたのだが、今年は勉強が習慣に組み込まれたからか、生活のルーティーンがほとんど壊れずに済み、おかげでお正月太りの回避にも成功していた。

加えて、毎日勉強できたことが自信にも繋がり、なんだか清々しい気持ちで、今年最初の出社日を迎えることができたのだ。

（前は恨み言ばっかり言ってたけど、今回ばかりは安藤さんに感謝しないとね）

そんなことを思いながら、美優は上機嫌でデスクへ向かった。

「おはようございまーす！」

美優がデスクに向かいながら元気よく挨拶をすると、周りの先輩方も「明けましておめでとう、今年もよろしくね」と口々に笑顔で返してくれる。

昨年末に若宮と安藤の二人と直接話して以降、美優の心は以前よりずっと軽くなった。今日の気分のよさは、それも理由の一つなのだ。

（うんうん、なんだかスッキリしたな）

そう思いながら席につくと、ちょうど近くにいた布施が美優のところにやってきた。

「あ、西村さん、明けましておめでとー!!　ねえねえ、見てよー！」

布施がいつものようにニコニコと挨拶してくれるので、美優の気持ちもますます晴れやかになる。広報課長である布施はいつも穏やかで、美優は内心「くまのお父さん」として慕っている。

美優が社長室から異動してきたときも、丁寧に仕事を教えてくれて本当に助かった。

「課長！　明けましておめでとうございます！　……見てって、何をですか？」

挨拶を返しつつ聞く美優に、布施は何も答えず、ただニコニコと見つめてくる。

もともと彼の機嫌が悪いことなどないのだが、今日は一段と機嫌がよさそうに見えた。

「西村さんさ、なんか、僕を見て気がつくことない？」

「気がつくこと……？」

美優は首をかしげた。布施はかすかに胸を張って、期待を込めた眼差しでこちらを見てくるのだが、気がつくことと言っても普段からしっかり布施を観察しているわけではないため、なんのことだかさっぱりわからない。

（うーん、なんだろう？　顔色がいい？　新しい靴を買った、とか？）

悩む美優は「ネ、ネクタイ変えましたか?!」と素っ頓狂な声で答えてしまった。

「ブッブー！　違うよ～。痩せたんだよ～。みんな、全然気がついてくれないなー」

布施がお腹をさすりながら、不満そうな声を上げる。

どうやら同じような質問を、出社してきた部下のところに行っては繰り返しているらしく、恐らくはすでにクイズを出されたのであろう社員たちが、美優と布施の会話を笑いを含んだ視線で見守っていた。

「ご、ごめんなさい！　たしかにお腹まわりが減っている……感じがします！」

焦って付け加える美優だったが、先ほどまで気がつかなかっただけで、たしかに以前に比べればお腹周りのふくよかさ加減が減っている気がする。それに顎の下にたっぷりとついていたお肉も幾分か減っていて、フェイスラインも心持ちすっきりしていた。

（で、でも、上司のお腹周りを褒めるなんて逆に失礼じゃない!?）

と美優は内心焦ったが、布施は単純に嬉しそうだったので、そのまま会話を続けることにした。

それにしても、ダイエットだなんて、どういう心境の変化だろう。

「お正月だったのに、ダイエットされてたんですか？　でも、どうして急に？」

もともと食べるのが好きな布施がどうしてダイエットなんて始めたのか、美優が素朴な疑問を口にすると、布施が腕を組んでため息をついた。

「いやぁ、僕もそろそろ四十代も中盤だしね。健康のために痩せろー！　って奥さんに怒られたんだ。娘も思春期になったら、太ってるパパなんて嫌でしょ？　だから、痩せようと思って。ただでさえお正月って太りやすいから、お正月のごちそうをちょっとだけ我慢して、年末年始のダイエットに成功できたら、今年一年のうちにはグッと痩せられるんじゃないかっていう、ちょっとした願掛けもあったんだよね」

「そういうことだったんですね。家族思いの課長らしいです。でも、ダイエット、今のところはうまくいってるんですよね？　お正月なんて誘惑もたくさんあるのに、すごいです！」

美優が微笑むと、布施も胸を張った。

「そうなんだよ！　ほら、識学をね、ダイエットにも応用できないかなーと思って、挑戦してみたんだ。そしたら、先月から三キロは落ちたね！」

布施がふいに口にした「識学」という言葉に、美優は敏感に反応した。

「え！　識学ってダイエットにまで使えるんですか？」

美優が聞くと、布施は頷く。

「うん、安藤さんに教えてもらったんだ。進捗や目標設定に特化した考え方だから、勉強やダイエットとも相性がいいんだって」

布施の答えに、美優は安藤の言葉を思い出した。

（識学は、目標達成にむけたプログラムって、安藤さん言ってたもんね）

それだったら、ダイエットに使えるのも頷ける。それにしても、短い期間で教え込まれた識学を、もう自力で実生活にまで応用していたなんて、布施の行動力に驚いた。しかし、識学はダイエットにまで使えるとは。

「あの、実は私も安藤さんに頼んで、識学を韓国語の勉強に使ってみたんです。そしたら、今まで全然進まなかった教材がスイスイ進んで！」

美優が布施にそう言うと、布施は面白いくらいに目を丸くした。

「へえ、そうなんだ！　すごいじゃん、西村さん。でも、西村さん、識学も安藤さんも苦手だったんじゃないの？」

「え！　どうしてそれを……」

識学を嫌っていたことは布施には言っていないはず。それなのに見抜かれていたことに、美優は驚いた。

「当たり前じゃん！　僕、西村さんの上司だよ？　部下の気持ちくらい、大体はわかるって！」

普段の優しい物腰からは想像できないが、やはりこのオールウェイズ・アサイン社で広報課長をやっているだけの人なんだなと、美優は改めて布施を見直した。

「でもさ、西村さんが識学のことちょっとでも好きになってくれてよかったよ。新しいことにあんまり反発するのもさ、よくないからね」

布施の言葉に、美優は以前の自分を振り返った。

ずっと目の敵にしてきた識学や安藤の存在が、いまや会社どころか美優自身にもよい影響を与えてくれている。それは、否定しようがない事実だ。

（もしかすると、強がって意固地になっていただけだったのかもな、私）

美優は識学をすんなりと受け入れた布施や山岸を、「ことなかれ主義者」だと思ってどこか軽く見ていた節がある。

しかし彼らは、闇雲に識学を信じていたわけではなかったのだ。状況に応じて、必要だと思った識学の考え方を受け入れただけだったのだ。

（ほんと、まだまだなんだな、私）

頑固な自分の一面を知り、反省する美優に、布施が声をかけた。

「あ、西村さん、そろそろ始まっちゃうよ、研修。安藤さん、怖いんだからしっかり出席して」

「は、はい！」

美優は布施に言われるがままに、急いで会議室へ向かうのだった。


会議室には、もうほとんどの社員が集まって着席していた。

若宮と話したあのときまでは、研修に出るのが嫌で嫌で仕方がなく、周囲のことも真剣に見ようとしていなかったが、今改めて周囲を見渡すと、以前とはまったく違うことに気づく。

（みんな、表情が明るくなったな……なんか、溌剌としてる感じ）

以前のオールウェイズ・アサイン社が暗かったというわけではない。しかし、気が抜けている社員も多かった社内は、今なら健全とは言えない状態だったとわかる。

営業部門の社員は男女ともスーツを着て、男性社員はネクタイを締め、精悍な面持ちで研修を待っている。同僚たちの姿が美優には眩しく見えた。

美優はその様子に、年末の夜にカフェで若宮が話していたことを思い出した。

「今の会社には変革が必要なんだ。識学が、必要なんだ」

若宮の言葉は間違っていなかった。この会社が変わるためには、多少強引にでも識学を取り入れることが必要だったのだ。美優が意地を張っているうちに、会社全体が前に進みだしていたことに、今さらになって美優は気がつく。


時計の針が九時を指した。社員全員が席について待っていると、会議室のドアが開いた。

「皆さん、おはようございます」

そう挨拶しながら入ってきたのは講師の安藤だ。今日も変わらない様子で、室内を見回した。

「おはようございます!!」

皆が立ち上がって挨拶をする。

以前の美優であれば、「まるで軍隊みたいだ」と嫌がっていたであろう社員たちの行動に、今日は自分も参加して皆と一緒に頭を下げた。

「それでは研修を始めます。皆さんにお教えすることも、もう残り少なくなってきました。最後まで気を抜かず、研修に臨んでください」

声に出して返事をする者はいなかったが、誰もが頷いて、安藤を見つめていた。

「『結果のみで会話する』。それが今回、皆さんにお教えしたいことです」

安藤はそう言いながら、モニターを表示する。

真っ白な背景に黒字で書かれたその言葉を、皆がメモした。

美優も一緒になって、持ち込んでいたカバンからメモ帳と愛用のペンを取り出す。

学生のころから大切に使っている、この赤い軸のボールペンは母が買ってくれたものだった。しかし最近はなかなか使う機会がなく、いつもかばんの底で眠っていた。まさか、この研修でこのペンを握ることになるとは思いもしていなかった。

(あんなに嫌いだったのにな、識学)

少し前の自分と、今必死にメモをとる自分との差に驚いて、なぜか笑いそうになった美優は、その笑みをどうにかこらえた。


安藤はリモコンでスライドを動かしながら、話を続ける。

「日本の企業の多くには、結果ではなく、過程で物事を評価しようという考えが強く根づいています。例えば、新しいプロジェクトへ挑戦したことを評価しよう、努力していたから失敗していても仕方がない、そういう考え方ですね。ここ、オールウェイズ・アサイン社でも、そんな考え方が存在したのではないでしょうか?」

安藤の言葉に、皆が思いを巡らす。

以前の社内では、プロセスが評価の中心にあった。その証拠に、部下が上司へ業務を報告するとき、仕事のプロセスから話し始めることが多かったのだ。

資料作りを頑張った、お客さまへの対応を丁寧に行ったなど、どれも大事なことではあるが、結果には直接関係のない話だ。

上司の側も、そんな部下の努力を認めるために、成績が出ておらずとも評価してしまっていたのだ。安藤はそうした状況が問題だと指摘した。

「皆さんはたしかに努力をしてきたのかもしれない。しかし、その努力ばかりに焦点を当てて評価することで、その後の改善案などのリカバリーは、社長がすべての負担を負うこととなっていました。結果、部下は成長できていなかったのです。

そうして最終的には、社長だけが忙しく、管理職は育たず、部下も成長しない、まさに負の連鎖となっていました。これは、日本の会社が陥りやすい典型的な状況です」

かつてのオールウェイズ・アサイン社の欠陥を的確に指摘する安藤の言葉に、その場にいた何人かの管理職や、思い当たる節がある社員たちは苦い顔をした。

「これからは、目標を結果で明確に設定してください。月単位の目標も決めてください。その上で、マネージャーの皆さんは、毎週の会議で月目標に対しての進捗をチェックするようにしてください」

美優は他の社員たちに混じって、安藤の言葉を一言一句逃さぬようにメモ帳へ書き取った。

安藤はそんな美優の姿に気がつき、密かに驚く。

西村美優という社員は、以前は強烈に識学への批判意識を持っていた。そんな彼女が、昨年末に自分に話を聞きたいと歩み寄ってきて、今は研修で自分の話を懸命に聞き、学ぼうとしている。

決して表情には出さない安藤だったが、その心には喜びが沸き立っていた。

美優はそんな安藤の視線には気がつかないまま、メモ用紙へ向かっていた。

＊＊＊

その後、「結果で評価する」ために安藤が取り入れた報告方式は、非常に大きな成果を出した。

プロセスで評価することに慣れていた上司は、一時は心を鬼にしなければいけない瞬間もあったものの、評価対象が限定されたことで、今まで報告会などで長々と設定されていた会議時間が半分程度にまで減り、会議にかかる時間的なコストが軽くなった。

部下たちも、最初は結果だけで評価されることに息苦しさや厳しさを感じたが、上司の裁量がほとんど入らない評価基準は、各社員の性格や愛想、コミュニケーション能力などを問わないために、今まで評価されづらかった社員たちも正当に評価されるようになり、そのおかげで社内の空気もよくなってきたと、好意的に受け止めるようになった。

もちろん、社長である若宮も随分と喜んでいたそうだ。

後日、若宮についてのそんな噂を布施から聞いて、美優は嬉しく感じると同時に、自分の以前の考え方の危うさに思い至って恥ずかしさを感じた。

(私が楽しくていいと思っていた社内の空気も、実はそういう空気になじめない誰かのことを、ないがしろにして成立していたのかもしれないな)

組織内で、誰かが自分が正しいと思い込んでいることを突き通そうとすると、それが組織自体の存続を危機に晒すこともある。そう感じて、少し恐ろしくもなった。

「識学、私も、もっとしっかり学んでいかないと」

かつての自分では考えられないような言葉を呟いていると気がつき、美優はちょっと照れくさくなる。

「よし、今日も頑張るぞ!!」

美優は深呼吸をして、その日もデスクに向かった。

10　復活

一月中旬。厳しい寒さに包まれる五反田の街を冷たい風が吹き抜ける。今週は関東でも雪が降るかもしれないと予報され、オールウェイズ・アサイン社の社員も寒さに震えながら通勤する毎日を送っていた。

そんなある日、若宮は朝から一人で社長室にこもって、その日のタスクにあたっていた。

最近ではもう個々の社員らと親密に付き合うことはなく、識学による会社の変化に対応することばかりを考えていた。

デスクでパソコンと睨み合っていると、社長室のドアを叩く音がして、

「すみません、佐伯です。入ってよろしいですか？」

とドア越しに声をかけられた。

（そうか、今日は営業部全体の報告書を持ってきてほしいと、佐伯に頼んでいたんだった）

若宮は予定を思い出し、パソコンで行っていた作業に向けていた集中を解く。

「ああ、どうぞ」と答えると、ドアを開けて入ってきた佐伯は、指示された通りの書類の束を持っていた。

「おはようございます。営業部全体での報告資料をまとめましたので、提出に参りました」

「そうか、ありがとう」

若宮は丁寧に挨拶をする佐伯から書類を受け取りながら、自分の態度におかしなところはないかと、他の社員に対するよりも無意識に緊張して自問自答している様子をふいに自覚した。

佐伯に降格人事を下したあの日から、若宮は彼に罪悪感を持っている。

以前、佐伯は降格されたことに対する礼まで言ってくれていたが、旧知の部下への辛い選択をしたことの心理的ダメージは、若宮にはまだ色濃く残っていた。

「あのな、佐伯……」

書類を提出して出て行こうとした佐伯を、若宮は思わず呼び止める。

「はい？」と佐伯が振り返るが、若宮はそれ以上かける言葉が出てこない。

「いや……なんでもないんだ。じゃあな」

若宮は諦めて、そのまま佐伯を送り出そうとする。

すると、意外なことに佐伯のほうから話を振ってきた。

「……社長、実は聞きたかったことがあるんですが」

佐伯の言葉に、若宮はとっさに頷く。

「ど、どうした？　なんだ、聞きたいことって？」

「社長のおかげで、私は変化を、識学を受け入れることを決心できましたし、結果として落ち込んでいた成績も戻りつつあります。社長はあのとき、私を降格すれば、こういう結果が出るとわかっていらしたんですか？」

佐伯の率直な問いに、若宮は目を丸くした。

（俺が、こんな結果になるとわかっていたかどうか、か……）

若宮はしばし無言で考えると、やがてポツリポツリと胸のうちを話し始めた。

「本当のことを言えば、佐伯を降格したあとの結果がどうなるかは、全然予測できていなかった。降格にすることで、佐伯が発奮してくれる可能性もあるし、この会社を辞めてしまうかもしれない。一か八か、という気持ちはあった。それが正直なところだ。

それに、最初は、佐伯と山岸とで競争をさせようと思っていたんだ」

「競争……？」

予想していなかった単語を、佐伯は声に出して繰り返した。

不思議そうな顔をする彼に、若宮はできるだけ細かく自分の考えを説明して聞かせようとするが、思うように言葉が出てこない。

「あぁ。第一営業課の課長になった佐伯と、第二営業課長の山岸を競争させれば、きっといい結果が出るんじゃないかと思ってな。識学でも、競争環境が重要だって言われているだろ？　その部分を応用しようと考えたんだ」

「でも、社長はこれといって、私たちを競争させるような指示はされませんでしたよね？」

たしかに佐伯は降格されたが、他部署との競争をことさらに意識させられた記憶はなかった。

「ああ、二人を競争させることに関してはやめたんだ。さすがにうちの会社らしくないと思った。そもそも会社らしさってなんだよって話だけどな。

あとは、佐伯には必要ないと思ったんだよ」

若宮は、どうして降格した部下へ一から十までその理由を説明しようとしているのか、と自分の行動に疑問を覚えたが、佐伯へのせめてもの罪滅ぼしだと考えれば、安いものかもしれない。

「私に必要ない、というのはどういう意味ですか？」

「佐伯はもともと向上心が強くて、それに野心家だろ。普段は冷静な顔をしているけど、今まで一緒にやってきた俺はそれを知っているつもりだ。だから、たとえ降格されたとしても、かならずそこから這い上がってこようとするだろう、と信じてたんだ。

それに、佐伯みたいなやつが一生懸命にやっていて、周りが何も思わないはずがない。佐伯の存在が会社全体を変えてくれると思ったんだ。降格させられても、必死で頑張って成果を上げる佐伯の姿を見て、周りも負けずに頑張ろうと思ったはずだ。結果的に、山岸や他の管理職についても、佐伯に負けたくないという、いい意味での競争環境ができたと思う」

若宮の答えを聞いて、佐伯は苦笑した。

若宮の言う通り、降格の辞令が下りてから、佐伯は改めて本気で仕事に向き合ってきた。

それに比例するようにして、佐伯の率いる第一営業課全体での売上や利益率が飛躍的に上がっていったのだ。第二営業課や第三営業課も、その事実に刺激を受けてさらに発奮した経緯がある。

「社長には、全部お見通しだったんですね」

苦笑交じりの佐伯の言葉に、若宮は首を振る。

「いや、俺が佐伯を信じたかっただけなんだよ。社長は仕事に感情を持ち込むなって散々言われてるのに、こんなんじゃまた安藤さんに怒られるよ。まったくな」

そう言葉では自嘲してみせる若宮だったが、自身の選択は間違っていなかったと確信していた。


佐伯は、急に真剣な顔になって若宮に頭を下げた。

「おい、やめてくれよ。俺が感謝されるようなことじゃない。佐伯が頑張ったんだよ」

若宮は慌てたが、佐伯は頭を上げようとはしない。

「若宮社長、私のことを信じてくださって、本当にありがとうございます」

佐伯のその言葉は、たしかな重みと温度を持って若宮の心まで届いた。

「いや、こちらこそだ。俺に、俺たちの会社についてきてくれてありがとう」

若宮も、座ったまま佐伯に頭を下げた。二人が同時に頭を上げたときには、両方が笑顔であることに気がついて、さらに声を上げて笑ってしまった。

「若宮社長、変わりましたね」

「変わった？」

不意に言われた言葉の真意が、その一瞬ではわからなかった。

佐伯は続ける。

「変わりましたよ。社長らしくなったと言うか……。以前は、部下の我々と親しく付き合ってはいても、我々を信じようとはしていなかった。だから、ご自分一人ですべて抱え込んでいたんですよね。安藤さんがきてから、その抱え込んだものを、識学に組み込まれている仕組みに一部任せられるようになって、それで社長は変わったんだと思います」

佐伯の指摘で、変わったのは会社や社員だけではなく、自分もそうであることに若宮は気がついた。

（そうか、俺はもともと誰のことも信じていなかったのか……上辺だけよくして、社員に頼らず、自分で全部やろうとしてたんだな……）

過去の自分の未熟さに呆れながら、若宮は佐伯の目をまっすぐに見つめて言う。

「これからも、よろしくな、佐伯」

「はい。これからもどんどん業績を伸ばして、またナンバー2の座に返り咲いてやりますよ」

にやりと不敵な笑みを浮かべる佐伯と、それを笑い飛ばす若宮に、窓からの光があたたかく差し込んでいた。

最終章　社員を愛する

三月下旬。安藤がオールウェイズ・アサイン社を初めて訪ねた日から、早くも一年近くが経っていた。

会社はいよいよ年度末を迎え、決算に向けて経理部の社員たちがバタバタとし始める時期だ。

若宮は社長室のデスクで、試算された財務諸表や決算説明資料を読み、一人で息をついていた。

ただそれは、昨年までのように憂鬱を吐き出すためのため息ではない。

若宮の心は、喜びと達成感でいっぱいになっていた。

彼が手にした書類に記されているのは、オールウェイズ・アサイン社始まって以来の巨大な黒字予想の数字。しかも、ほとんどすべての部署が利益率を上げていた。

特に営業部は、成約率を飛躍的に上げ、利益率も大幅にアップしている。

この数字さえあれば、あの財前もやたらな口出しはできないはずだ。

これまでどんなに頑張っても手に入れられなかったものが、結果となって今この手のなかに収まっている。

若宮は早速パソコンでメールソフトを起動すると、それらの資料をまとめて、財前のメールに送ることにした。

「送信」のボタンを押すと、全身から一気に力が抜け、長らく感じていなかった安堵の感覚が押し寄せる。

「やった……本当に、本当によかった……」

若宮はそう呟きながら、ふと窓の外を見た。

いつもは締めきっている社長室のブラインドも、今日ばかりは全開にしていた。燦々と降り注ぐ太陽の光のあたたかさを全身で感じる。

ポケットからスマートフォンを取り出し、メールを打つ。

宛先は、もちろん安藤だ。

今回の大幅な黒字予想は、安藤と、彼の提唱する識学のおかげとしか言いようがない。

「お世話になっております。若宮です。今年度の業績予想ですが、お陰さまで大幅な黒字を達成できそうです。安藤さんのおかげです。本当に、ありがとうございます」

手短に打って送信すると、返信は思ったよりも早く返ってきた。

「お世話になっております。安藤です。御社が大幅黒字予想とのこと、私自身も大変嬉しく思います。つきましては、これから最後の研修を始めたいと思います。十時までに第二会議室にお集まりください」

安藤からのメールを読み終え、若宮は首をかしげた。

（最後の研修って、なんだ……?!）

安藤からは、そんなことは一言も聞かされていない。そもそも若宮は、社員の全社研修やマネージャー研修の前に、経営者向けの研修で一通りすべての講義を受け終えているはずだ。

どういうことだろうと考えながら時計を確認すると、すでに九時五十分を過ぎようとしている。

「やべっ、急がないと……!!」

若宮は脱いでいたジャケットを急いで羽織り、スマートフォンをズボンのポケットに突っ込んで社長室を出た。


第二会議室に着くと、扉の前には人だかりができていた。これまでに研修を受けてきたマネージャーや社員が一挙に会議室に入ろうとしているため、入口で混雑が生じていたのだ。

「あ、社長！」

混乱のなか、若宮に気がついて声をかけてきたのは美優だった。

「おう、おはよう！　みんな、一体どうしたんだ？」

若宮が人だかりに驚いて尋ねると、

「それが、安藤さんから、みんなが見る社内メールに一斉に連絡がきたんです。最後の研修をやるから、できれば社員の全員が出席してくださいって書いてあったんですよ。それで、みんな急いで第二会議室にきたら、こんな感じになっちゃって」

苦笑いをする美優につられて、若宮も笑ってしまった。

「それにしても、これはすごいなぁ」

若宮は頭をかいた。会社が始まって以来、この会議室にこんなに人が集まったことはなかったはずだ。

結局、五分ほどかけて皆が会議室に収まったが、机や椅子がまったく足りず、立って待っている社員が多く見受けられた。若宮もできるだけ後ろのほうに移動し、邪魔にならないように立ち見で安藤の登場を待つ。そんな若宮の隣には美優が立っていた。

「おい、西村。西村は前のほうで座ってもいいんだぞ？」

若宮が気を遣って言うが、彼女はすぐに首を振る。

「いいんです。私もここで立たせてください」

彼女なりに思うところがあるのだろう。こういうときも自分の意思を押し通そうとするところは彼女らしい。

（この強情さは変わらないなぁ）

心のなかで苦笑しながら、若宮は美優とその場で一緒に立っていることにした。

そうこうするうちに、時計の針が十時ちょうどを示すと、皆が待ちかねていた安藤が部屋へ入ってきた。

「おはようございます。いよいよ今日が、私の最後の研修となりました」

そう言いながら、モニターの電源を入れる。

誰もが安藤に視線を集中させ、会議室に静けさが広がった。

「まずは、こちらをご覧ください」

映し出された画面には、こんな言葉が書かれていた。


『社員を成長させる』

『会社を成長させる』

『社員に利益を与える』


落ち着いた明朝体で表示された三つの文章を、その場にいた一人ひとりが心のなかで読み上げる。モニターを見つめて黙っていた安藤が、社員たちに向き直って口を開いた。

「これまで皆さんには、会社の業績を上げるにはどうすればいいか、さまざまな形でお教えしてきました。

しかし、本日お伝えすることこそが、社員の皆さんと、そして会社を成長させるために、もっとも重要なことです。よく聞いていてください」

全員が、安藤の次の言葉に耳を傾ける。

「識学の考え方のなかで、社長や管理職にお伝えしているもっとも重要なこと。それは、『社員を愛する』ことです」

安藤の言葉が意外で、若宮はメモをとる手を止めた。

（社員を愛する……）

「この言葉を意外に思ったという方もいるでしょう。しかし、識学をしっかりと会社に根づかせるには、社長をはじめとして、部下を持つ管理職全員が、そこにいるメンバーを愛していなければなりません。

心から彼らを大切に思うからこそ、正当に評価し、ときには厳しく指導するのです。表面上の優しさだけでは、会社という組織は決して前には進めません」

安藤は話し続ける。

「社長や管理職は、部下をむやみやたらに褒めたり、部下を頑張りだけで高く評価したり、必要以上に部下の仕事をサポートしたりしてはいけません。それは、部下の成長には繋がらないからです。部下が一人前になるまで成長させることこそが、会社のなかで成り立つ愛です」

安藤の言葉が、若宮の胸に突き刺さった。

自分が以前にしていたことは、愛ある行動ではなかったのだ。

それは、佐伯に「社長は変わった」と言われたときにも感じたことだ。

安藤の厳しい教えは、まさに「社員を本当の意味で大切にする」ためのものなのだ。

彼はオールウェイズ・アサイン社の社員に、ただストイックな姿勢やルールを強いていたのではない。社員たちを、まるで自社の部下のように大事にしてくれていた。そのことに、若宮は今さらながらに気がついた。

最初は識学に不満を募らせていた美優や藤川、佐伯といった面々も、今は真剣な面持ちで安藤を見つめている。

その場にいる全員が、まさしく「チーム」だった。


若宮は今までの胸のつかえがすべてとれるのを感じ、ふっと肩の力を抜いた。

最初は半信半疑だったが、識学を信じることに決め、安藤の力を借りた。

CEOとして、あのときの決断は間違っていなかったと思う。

気がつくと、先ほどまで席に座っていた佐伯が、若宮の隣に移動してきていた。

若宮は、美優と佐伯の二人に挟まれて安堵感に包まれる。

佐伯の社員証には、執行役員の文字が見える。先日、識学のノウハウの導入によって業績を上げた彼は、見事に返り咲きを果たしたのだ。

安藤による最後の研修の合間に、どこかで鳥の鳴く声が聞こえた。

晴れ間が広がる空は、オールウェイズ・アサイン社の大逆転を祝福しているようだった。

＊　＊　＊

「いやぁ、若宮社長！　メール拝見しましたよ！　すごいじゃないですか、見事なV字回復！　僕はね、若宮社長なら、絶対にやってくれると思ってたんですよぉ!!」

財前の調子のよい声が、若宮のスマートフォンからうるさく響いた。どうやら、今朝メールで送った決算資料一式を読んだらしく、それでこの上機嫌なのだ。

（こいつ、あんなに冷淡な対応をしていたクセに、よくもこんなテンションで電話できるな）

若宮はそんな財前の様子に呆れたが、もとより彼が究極の合理主義者であることを知っている。会社がうまくいっているのであれば、財前の銀行も継続的に利益を得られる。今後も笑顔で、こちらの機嫌をとってくるつもりだろう。

「今後ともよろしくお願いしますよぉ、若宮さん！」

電話の向こうで、恐らく満面の笑みを浮かべているであろう財前を脳裏にイメージしながら、若宮はニヤリと不敵な笑みを浮かべる。

「そのことなんですが……すみませんが、うちのメインバンクを他行に移そうと思っているんですよ」

「……え？」

すぐにはその言葉の意味を理解できなかったようで、一瞬の沈黙ののち、財前は慌てて若宮に聞き返した。

「え!? 今、他行に移されるとおっしゃいましたか？ あの、今後も融資をお出しできるようにするんですよ!? うちは、それなりに大きな銀行ですし、どうして？」

明らかに焦った声色の財前に、若宮は淡々と答える。

「当社の業績が改善してから、なかなかにガッツのある地銀さんをご紹介いただきましてね。うちもまだまだ若い会社ですから、親切にしてくださる銀行さんはありがたいんですよ。いやぁ、財前さんには本当にお世話になりましたからね、名残惜しいですよ」

財前お得意の嫌味を真似して、若宮は「名残惜しい」などと思ってもいない言葉をあえて付け加えた。

実は安藤との契約期間の終了を前に、若宮は今後の資金繰りの方針についても彼に相談してい

た。すると、安藤は「そういうことなら、ご紹介したいところがあります」と、彼が懇意にしている銀行の担当者と引き合わせてくれたというわけだ。

識学によって大幅な黒字予想を達成したオールウェイズ・アサイン社は、今後も業績の伸びしろがあると見込まれたのか、銀行側からも大いに歓迎された。

（財前との付き合いは、今回の件でもうこりごりだからな……）

財前の誠意のない対応に翻弄され、弱みに付け込むような脅迫的な言辞に精神的に疲弊する一年を過ごしてきた若宮にとって、他行との関係は新たな希望となっていた。

しかし財前はというと、今後も自らの利益になるであろう担当会社を一つ失うことになるのだから、焦らないわけもなく、

「地銀なんて、今どき信用できませんよ!! 当行のような歴史のある銀行だからこそ、オールウェイズ・アサイン社さんの強い味方になれるはずです！ あ、こうしましょう！ 今後、より大きな融資を出せるように私が尽力しますので、ですから……」

財前は電話の向こうで、らしくない発言を連発しているが、かつては恐ろしく感じた彼の言葉も、もう若宮の心を動かすことはなかった。

（今まで散々な言い草だったくせに、今さら焦っても遅いよ）

若宮は心のなかで悪態をつきつつ、

「とりあえず、移行の手続きに関してはまた後日ご連絡します」

と一言残して、財前が何か言っているのも聞かず早々に電話を切った。

「あぁ、本当によかった……」

スマートフォンを握ったまま、若宮はその場に座り込む。

会社を大きな危機から、間一髪で救えたのだ。

思えば、この日までたくさんのことがあった。

社内の飲み会のあとに、さらに一人で飲み歩いて終電を逃し、二日酔い状態で早朝のファーストフード店で絶望したこと。

会社経営に迷ったときに、友人に識学を紹介されたこと。

識学を信じて、学んだこと。

しかし、会社のみんなにはなかなか受け入れてもらえず、猛反発に遭ったこと。

そして添田やその他大勢の突然の退職……。

今はまだ、「よい思い出」として片づけることはできそうにないが、自分はこれからも、この会社の経営者として経営に向き合っていかねばならない。

『俺はお前を信じてる』

もう何度も頭のなかで繰り返した、添田の言葉を思い出す。それは彼が退職するとき、最後に若宮にかけた言葉だった。

最高のビジネスパートナーであり、そして大切な友人でもあった彼の言葉を、これからも裏切りたくない。

その思いがあれば、きっとこれからもやっていけるだろう。

＊　＊　＊

「新しいオフィスもいいっすね、社長！」

藤川がいつもの軽い調子で若宮に話しかける。

引っ越してきたばかりの社長室は、以前の社長室よりも一回り大きいが、まだほとんど荷物を入れていないのでさっぱりとしている。

「そうだなぁ……。というか、お前、こんなところで何やってるんだ？　早く仕事に戻れ」

しみじみと感慨に浸っていた若宮は、いつの間にか遊びにきていた藤川を苦笑交じりに叱る。

社長自らの叱責にも悪びれることなく、藤川は「へーい」と軽い返事をして自分のフロアへと戻って行ったようだ。

（あいつのおちゃらけぶりも、さすがに困りもんだなぁ）

若宮は呆れながらも、改めて真新しい社長室を見回した。

安藤が最後の研修を終えてから、早くも三ヶ月が経とうとしている。

その後も急速に会社の業績を伸ばしているオールウェイズ・アサイン社は、社員も増え、さすがにオフィスを狭く感じるようになったため、この機会に本社を移転することにしたのだ。

エリアは変わらないが、より広くて綺麗なオフィスビルに移り、社員たちも喜んでいた。

「それ、こっちに運んで!!」

社長室の隣にある、社員たちのフロアからは慌ただしい声が聞こえてくる。

引っ越し業務でも社員それぞれの役割分担がされており、全員がテキパキと無駄なく働いているようだ。皆、新しいオフィスを楽しみにしていたようで、開いたドアから聞こえてくる声もどこか明るかった。

おかげで若宮は、まさにオフィスの引っ越しの最中というのに、こうして社長室である人物を待つことができていた。

（そろそろ時間だな）

若宮が時計を確認するのと同時に、部屋のドアがコンコンとノックされた。

「社長、いらっしゃってますよ、安藤さん！」

入ってきたのは、来客を伝えにきた美優だった。

「おお、お通ししてくれ」

若宮が笑顔で応える。彼が待っていたのは、ほかでもない安藤だ。

しばらくすると、社長室に安藤がやってきた。

安藤とは研修が終わって以来、お互いの仕事が忙しく一度も会っていなかったが、オフィスの移転を機に、安藤のほうから来訪する旨の連絡があった。

「若宮さん、お久しぶりです」

頭を下げて挨拶をする安藤に、若宮も頭を下げた。

「お久しぶりです。わざわざ足を運んでいただき、ありがとうございます」

ひとまずソファに座ってもらうと、美優がすでに準備していたのかすぐに二人分のお茶を出す。美優にはそのまま席を外すように指示し、若宮はドアを閉めた。

「よいオフィスですね」

ドアが閉まる音を待ってから、安藤が話し始める。

「いえいえ、まだ何もないんですけどね」

笑いながら応じた若宮は、改めて安藤にお礼を言った。

「安藤さん、うちの会社を助けてくださって、本当にありがとうございました。安藤さんがいなかったら、本当に潰れていたかもしれない」

安藤に対面しながら、深々と頭を下げる若宮だったが、

「違いますよ」

と言った安藤の言葉に、彼の顔を見た。

「違います。識学はあくまで、組織経営理論です。理論は強い意思と行動がなければ、なんの意味も持たない。識学に力を持たせたのは、社長である若宮さんと、社員の皆さんの努力ですよ」

真剣な顔でそう言ってくれた安藤の言葉が、若宮は心から嬉しかった。

識学を導入してからの一年間は、変動の繰り返しでとにかく苦しかった。

社員に嫌な思いをさせている部分があるだろうことも、若宮の苦悩に拍車をかけた。

それまでの自身の経営も否定された。

しかし、諦めずに進んできたことは間違っていなかったのだ。

「会社のことも、結果で評価する。まさに識学の考え方ですね」

若宮がそう言うと、安藤は珍しく笑って頷いた。

「……安藤さん、僕、この会社をいずれは東証一部上場企業にしたいと思っているんです」

思わず溢れた言葉は、若宮がずっと誰にも話さず、心のうちに留めてきた切なる願望だった。

うぬぼれた発言だったかと一瞬心配になったが、安藤は驚きもしない。

「若宮社長とこの会社の社員ならできますよ。識学の教えさえ、守ればね」

そう言った安藤は、見たこともないほど嬉しそうな顔をしていた。

二人は、強く握手をする。契約を交わしたあの日より、ずっと強い力がお互いの手にこもっている。

痛いくらいの握手には、感謝も、達成感も、すべての思いが詰め込まれていた。

＊　＊　＊

「それでは、私はこれで失礼します」

そう言って、安藤は席を立った。

オールウェイズ・アサイン社での成功の噂を聞きつけ、他社からの依頼が殺到しているらしい。安藤も一気に多忙の身となったのだ。

二人でエレベーターに乗り込み、オフィスの前の道にタクシーを待たせている安藤を見送ることになった。

「お忙しいなか、本当にありがとうございました」

タクシーの前までくると、若宮はもう一度安藤に深々と頭を下げた。

安藤も同じように礼をする。

「待ってくださいいいいい！！！！！」

突如として聞こえてきた甲高い声に、二人が驚いて声のほうを向く。

「西村！　何やってるんだ‼」

オフィスのほうから走ってきたのは、美優だった。

仕事用のパンプスで走るものだから、その足取りは覚束ない。

彼らのところまできたときには、随分と息を切らしていた。

「はぁ、はぁ、安藤さん！　ありがとうございました、本当に。あの、会社のこともなんですけど、韓国語の勉強もとてもうまくいっていて‼　考えてみたら、ちゃんとお礼できてなかったじゃないですか？　だから、一言お礼を言いたくて！」

どうやら、エレベーターに乗り込む若宮たちを発見して、慌てて走って追いかけてきたようだ。

韓国語の件については何も知らない若宮が、何のことなのかと首をかしげるなか、安藤が美優に向かって応える。

「いえいえ、いいんですよ。韓国語もうまくいっていてよかった。こちらこそ、ありがとうございました。西村さん、これからも頑張ってくださいね」

美優の必死な様子に、さすがに可笑しくなったのか、安藤は穏やかな表情で答える。

その様子は、この会社を初めて訪れたときの彼とは、まるで別人のようだった。

若宮は、美優と安藤の間にどんなことがあったのかその場で少し聞きたくなったが、それも野暮だと思い、今は何も考えずこの状況を喜ぶことにした。


柔らかな陽の光が、三人を照らす。

どこからか、優しい春風が吹いてきた。

平日のオフィス街は、それぞれのオフィスで展開されているであろう喧騒をビルのなかに隠し、静かな佇まいを見せている。道を歩くスーツ姿の人々まで、今日はどこか穏やかに見えた。

「それでは」と言って、安藤はタクシーに乗り込む。まっすぐな道路を、安藤を乗せた車が走り去っていった。若宮と美優は、その姿が見えなくなるまで手を振り続けた。


美優は、ふと、空を見上げた。

雲一つなく、はるか遠くまで空の青さが続いている。

季節が、また変わろうとしていた。


（終）

謝辞

本書の内容は、実際に識学を最初に正式採用していただいた会社、株式会社ＡＬＬ ＣＯＮＮＥＣＴでの事例を参考に、読んで楽しめるようなビジネスノベルとして作成しました。物語としての起承転結を作るために、出来事を脚色したり設定を変更したりしていますが、同社が社内で沸き起こる不安や反発を乗り越えながら、新たな組織改革理論を導入し、難局を乗り切ってより大きな飛躍のステージへと成長の階段を登って行ったことは、現実と変わりません。

微力ながらそのお手伝いができたことは、筆者としても大いなる喜びとなっています。

本書の執筆にあたって長時間の取材にお付き合いいただき、多大なるご協力をいただいた同社の代表取締役社長・岩井宏太さまや社員の皆さまには、この場を借りて深く御礼申し上げます。

共著者の上野直彦さんをはじめ本書の制作にご協力いただいた関係者、そしてもちろん、本書をお買い上げいただいた読者の皆さまにも、深く御礼申し上げます。

少しでも本書を楽しんでいただけたなら、とても嬉しいです。

株式会社識学　代表取締役社長　安藤広大

本書の読者向けに「識学」についての解説資料を用意しました！

本書の物語でオールウェイズ・アサイン社が取り入れ、危機を脱する原動力となった「識学」について、さらに詳しく知りたいという読者のため、実際の企業のなかで起こった変化をまとめたレポートを用意しました。

以下のURLでダウンロードできますので、ぜひご利用ください。

https://corp.shikigaku.jp/document/report/2021

レポートのほか、マンガや動画での解説資料や日々のマネジメントで役立つTips資料なども同じサイト内の「資料ギャラリー」に用意してあります。必要に応じて参考にしてください。

【ご注意】

⦿上記の読者向け資料は、株式会社識学が独自に提供するコンテンツです。本書の出版元である株式会社すばる舎は、その内容について関知しておりませんので、内容に関するお問い合わせ、サポート等には対応できません。あらかじめご了承ください。

⦿上記の読者向け資料は、事前の予告なく公開を終了する可能性があります。株式会社すばる舎は上記ウェブサイトのアドレス変更、公開中止等の場合でも、それを理由とした書籍の返品には応じられませんので、あらかじめご了承ください。

イラスト――原田ゆうじ＋竹中美希（DREAM SHARE）
ブックデザイン――華本達也（aozora）
編集担当――菅沼真弘（すばる舎）

上野 直彦（うえの・なおひこ）

AGI Creative Labo 代表、漫画原作者

兵庫県生まれ、スポーツジャーナリスト。早稲田大学スポーツビジネス研究所・招聘研究員。江戸川大学、追手門学院大学で非常勤講師。ブロックチェーン企業 ALiS アンバサダー、Gaudiy クリエティブディレクター。

ロンドン在住のときにサッカーのプレミアリーグ化に直面してスポーツビジネスの記事を書き始め、主にサッカーやラグビーなどプロスポーツについての長期取材を続けている。『Number』『AERA』『ZONE』『VOICE』などで執筆し、テレビ・ラジオ番組にもたびたび出演。

主著は『スポーツビジネスの未来 2018 ― 2027』(日経 BP 社)、『なでしこの誓い』(学研)、『なでしこのキセキ　川澄奈穂美物語』（小学館）など。週刊ビッグコミックスピリッツ(小学館)で好評連載中の J クラブユースを初めて描くサッカー漫画『アオアシ』では取材・原案協力を務める。同作は漫画大賞 2017 で 4 位を獲得した。

趣味はサッカー、ゴルフ、マラソン、トライアスロンなど。

Twitter アカウントは @Nao_Ueno

安藤 広大（あんどう・こうだい）

株式会社識学　代表取締役社長

1979 年、大阪府生まれ。早稲田大学卒業後、株式会社 NTT ドコモ、ジェイコムホールディングス株式会社を経て、ジェイコム株式会社（現：ライク株式会社）にて取締役営業副本部長等を歴任。
2013 年、「識学」という考え方に出会い独立。識学講師として、数々の企業の業績アップに貢献。
2015 年、識学を 1 日でも早く社会に広めるために、株式会社識学を設立。
人と会社を成長させるマネジメント方法として、口コミで広がる。2019 年、創業からわずか 3 年 11 ヶ月でマザーズ上場を果たす。2021 年 8 月現在、2000 社超の導入実績がある。
主な著書は『リーダーの仮面』（ダイヤモンド社）、『伸びる会社は「これ」をやらない！』（すばる舎）など。

短期間で組織を変革する実践ビジネスノベル

優しい社長が会社を潰す

2021年 8月24日　　第1刷発行
2023年12月 4日　　第2刷発行

著　者 —— 上野 直彦、安藤 広大
発行者 —— 徳留 慶太郎
発行所 —— 株式会社すばる舎
〒170-0013　東京都豊島区東池袋3-9-7 東池袋織本ビル
TEL　03-3981-8651（代表）
　　　03-3981-0767（営業部直通）
FAX　03-3981-8638
URL　http://www.subarusya.jp/

印　刷 —— 株式会社光邦

落丁・乱丁本はお取り替えいたします

ISBN978-4-7991-0998-4

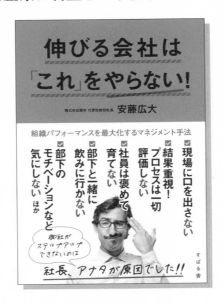

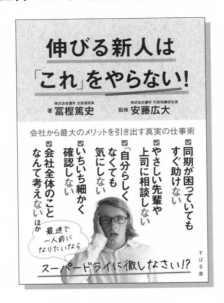